Dorfkindheit

Dorfkindheit

von
Hanna Walther
Ruperti-Verlag Starnberg

2. Auflage
RUPERTI-Verlag Dr.Hanna Walther,Starnberg
Alle Rechte vorbehalten
Druck: Grafische Kunstanstalt Jos.C. Huber,Dießen
Bindearbeit: Großbuchbinderei Monheim GmbH, Monheim
Buchgestaltung: Dr.Hanna Walther
1990
ISBN 3-923333-08-0

Vorwort der Autorin

Das bäuerliche Leben in meiner Kindheit war eingebettet in eine Dorfgemeinschaft, die aus langer Tradition stets das rechte Maß hielt zwischen reserviertem Eigenleben jeder Familie und gegenseitiger Hilfsbereitschaft und Aufgeschlossenheit für einander. Die Bindung an das Leben der früheren Generationen, ihre Gepflogenheiten und Arbeitsweise war tief verwurzelt.

Der Bauer rackerte sich mit allen, die zum Hof gehörten, unvorstellbar hart ab und gönnte sich weder Freizeit noch Entspannung. Der Tag war ausgefüllt mit Arbeit und Plag und ließ Stimmungen von Resignation und Unmut keinen Raum. Im Gegenteil: Das Bewußtsein von Pflichterfüllung und Leistung machte die Menschen ausgeglichen und zufrieden. Diese Grundstimmung fand ihren Ausdruck in der stets humorvoll-heiteren Begegnung mit den Nachbarn, im Singen bei der Arbeit, im unermüdlichen Musizieren in der Freizeit und der derb fröhlichen Ausgelassenheit bei den spärlichen Festen.

Das Leben der Kinder entsprach dem der Erwachsenen in leicht abgemilderter Form. Und trotz harter Arbeit scharten sich die Dorfkinder bei jeder Gelegenheit zusammen zu gemeinsamem Spielen, zu Fröhlichkeit und Scherz.

Und die Freude an den ganz kleinen Dingen des Lebens, in denen sich bekanntlich das Glück bereithält, war über-wältigend groß.

Die Autorin und ihr Werk

Frau Dr. Hanna Walther, geb. Aicher, entstammt einer alteingesessenen Bauernfamilie im traditionsreichen Rupertiwinkel im Berchtesgadener Land.

Sie studierte an der Universität München Germanistik und Anglistik, promovierte über "Das religiöse Problem in den Volksbüchern" des ausgehenden Mittelalters und war 12 Jahre lang an bayerischen Gymnasien im Schuldienst tätig.

Bisher erschienen folgende Bücher der Autorin:
Die 5 Bavarica:
1981 "Des Boarische Gebetbüachl", jetzt 7. Auflage,
1982 "Des Boarische Bauernbüachl", nun 4. Auflage,
1983 "Des Boarische Hoamatbüachl", bisher 4. Auflage,
1984 "Des Boarische Weihnachtsbüachl", nun 5. Auflage
1988 "Boarische Gschichtn", jetzt 2. Auflage
Ferner:
1985 "Schwammerl, Anmut und Vielfalt der Pilzwelt",
1986 "Schwammerl, Handlicher Pilzberater",
1987 "Weisheit aus Kindermund".

Die Autorin kann aus eigenem Erleben und Erinnern schöpfen und zeigt aus tiefer Kenntnis des bäuerlichen Lebens ein farbig-echtes Bild ihrer Kindheit in Einfachheit und Strenge, voll harter Arbeit und Verzicht. Und dennoch liegt über aller Entbehrung der unvergängliche Hauch von Zufriedenheit und Glück.

Mein Heimatdorf

Punschern ist ein kleines Voralpendorf mit 5 Bauernhöfen von würdigem Alter, dazu etwas abseits gelegen, einem Schmied, einem Schuster, ein paar Kleinhäuslern und einem Sägewerk. Der Kern des Dorfes gruppiert sich um eine ausladende Linde, an deren Stamm sich eine kleine Kapelle schmiegt. Auf einem sanften Hügel steht mein Heimatdorf, eingebettet in Wiesen und Felder, eingerahmt von Fichten- und Tannen-, Buchen- und Kiefernwaldungen. Nach Süden zu gelangt man über schwankende Brückchen und Stege in eine verträumte Heide- und Moorlandschaft. Dahinter schließen sich Hügel und Berge zu einem harmonischen Kranz, von ferne überragt von den Salzburger und den Berchtesgadener Hochalpen. Voll Besitzerstolz hatte mein Vater diese Aussicht bis hinein zum Steinernen Meer vereinnahmt, besonders dann, wenn sich der abendliche Himmel mit einem rosenroten Mantel umkleidete. Nach alten Hügelgräbern in der Nähe von Punschern in Richtung Wimmern zu schließen, war das Gebiet schon lange vor der Zeitenwende besiedelt, in der älteren Eisenzeit von den Illyrern und dann von den Kelten. Im Jahre 15 vor Christus unterwarf sich das Königreich Noricum den Römern, die dann das Gebiet für Jahrhunderte unter dem Verwaltungsmittelpunkt Salzburg beherrschten. Im 5. Jahrhundert erlosch die Herrschaft der Römer. Seit 535 wanderten die Bajuwaren ein. Schriftlich wurde mein Heimatort erstmals um 750 in den breves notitiae des Erzstifts Salzburg erwähnt als Purgunscerin, also bereits vor 1240 Jahren. Ein Diakon Albricus und sein Bruder Uro schenkten damals den Besitz ad Purgunscerin der Kirche von Salzburg. Es war dies ein bewaldeter Hügel nordwestlich an der Altstraße nach Petting, nach Süden mit einem Wall umzogen. An der Wende vom 12. zum 13. Jahrhundert wird mit Altmann von Purnschern und Gottschalk mit seiner Gemahlin Gisela von Purnschern auch eine ritterbürtige Familie faßbar. Der Hof Purnschern mit dem recht umfangreichen Grundzubehör gelangte durch ein Vermächtnis des Burggrafen Heinrich von Högl im Jahr 1213 in den Besitz des Salzburger Domkapitels. Im Jahre 1816 wurde der Rupertiwinkel und damit auch Punschern an das Königreich Bayern abgetreten.

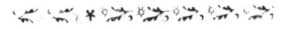

Mein erstes Lebensjahr

Es war am späten Nachmittag des Blasiustages, ein halbes Jahr vor Ausbruch des ersten Weltkrieges. Da gab die 16. Orgelpfeife auf dem Kainznhof ihren ersten, lautschrillenden Ton von sich. "Scho wieder a Dirndl!", kommentierte der Vater etwas mißmutig mein Erscheinen. "Neine waan leicht gnuag gween! Liawa zwee Buam ois wia oa Dirndl!".

Es war eine nicht gerade herzliche Begrüßung. Aber ein wenig konnte man Vaters Vorliebe verstehen, wurde er doch als junger Bauer vier Jahre nacheinander durch die Geburt eines Mädchens enttäuscht, ehe der ersehnte Hoferbe eintraf.

Und die Mutter, auf die Frage, wen von der kleinen Butzlschar sie denn am allerliebsten habe, meinte: "Oiwei des Kleanste!"

So genoß ich denn ein volles Jahr hindurch Mutters größte Liebe und Güte. Aber dann, ich konnte schon auf Mutters geblümtes Kopftuch zeigend "Bimi, Bimi" sagen und pausenlos "Mama, Mama!" rufen, mußte sie plötzlich von uns gehen. Sie ließ eine trostlose Kinderschar zurück. Der zweijährige Ludwig schrie und weinte herzzerreißend und zog und zerrte an dem Spitzentuch, das über die junge Tote gebreitet lag. Die dreijährige Gretl schlich sich immer wieder kummervoll in das Schlafzimmer, das Stübl, in dem die Mutter nach damaligem Brauch drei Tage lang aufgebahrt lag. Die heranwachsenden Größeren geisterten ausgeweint durch Stube und Kammer und suchten ohne Hoffnung nach Ruhe und Trost.

Ihnen fiel dann noch die schwere Aufgabe zu, trotz eigener Ohnmacht den Kleinen die Mutter zu ersetzen. Doch das Leben ging weiter.

Ein treuer Wächter

In den Sommermonaten gab es auf Feldern und Wiesen so viel zu werkeln, daß für die Betreuung eines Kleinkindes oft keine Zeit blieb. Wer nicht laufen konnte, den ließ man einfach zuhause, und das betraf nicht selten mich, die Jüngste. Man setzte mich auf eine Decke im Schatten eines Apfelbaumes und überließ mich der Obhut unseres Hofhundes, des treuen Lord. Er war ein umsichtiger, scharfer Wächter und hätte jeden angegriffen, der seinem Schützling nahezukommen versuchte. Mit mir aber soll er mit zärtlichem Wohlwollen gescherzt haben. "Alles ließ er sich von dir gefallen", so erzählte man mir später.

Eines Nachmittags kehrten die Leute nach schwerer Feldarbeit zum Melken und Füttern zum Hof zurück. Da war die Decke unterm Kaiser-Alexander Apfelbaum leer. Der Lord lugte aus der Hundehütte und rührte sich nicht von der Stelle. Hatte er ein schlechtes Gewissen? Nicht mit Bitten und nicht mit Drohungen vermochte man ihn herauszulocken. Die Aufregung war groß. "Wo is d´ Hanni?" drang man immer wieder in ihn. Doch keine Regung kam als Antwort. Bis zum Wasser, der kleinen Dorfschwemme bei der Kapelle, konnte sie doch wohl nicht gekrabbelt sein? Waren Fremde gesehen worden, etwa ein Hausierer oder Scherenschleifer? Das ganze Dorf geriet in Unruhe.

Erst gegen Abend drang plötzlich aus der Hundehütte ein klägliches Weinen. Durch die Unruhe vor dem Haus war ich wohl aufgewacht und fühlte mich in der engen Behausung, in die ich offenbar freiwillig gekrabbelt war, nicht mehr wohl. Sogleich stieg der Lord schwänzelnd aus dem Bau und gab seinen Schützling frei.

Wenn der Schnee schmilzt

Die warme Märzsonne hat mit einem Male ganze Grasflecken abgeschleckt. Glitzernde Silberstreifen von Schmelzwasser plätschern von der Dachrinne. Es riecht nach Harz und frischem Holz. Man schmeckt ihn förmlich, den Frühling, bei seinem ersten Erwachen. An der Sonnseite des Hofes ist ein geschäftiges Treiben. Frische Fuhren von Fichtenästen, der Abfall von der Holzarbeit, türmen sich auf. Emsige Dirndln hacken mit der "Schnoatbrax" wie im Takt die Daxen, das Wied. Äste und Zweige ergeben das Knittlholz. Der kleine Abfall dient getrocknet als Knist zum Anschüren von Ofen und Herd. Gegenüber dem Zuhaus werkeln die Männer an Band- und Wiegensäge. Die kräftigen Klötze kliaben sie zu Scheitln, die sich zu riesigen Bergen hochtürmen. Andere schichten diese auf der Sonnseite des Hauses zu einer "Scheiterzoa" empor, die von Sinn für Schönheit und Ordnung der Bewohner zeugt.

Viel lauter als bei den Großen pochen unsere Kinderherzen dem Lenz entgegen. Ein paar abgegriffene Schusser vom letzten Jahr in Hosensack und Schürzentascherl geht es klapp, klapp, barfuß in den kleinen

Holzpantoffeln hinüber zur Weinstaudnsonnseite zum Kuglscheiben. Ein Grüberl, das Kacherl, in das nun gezielt wird, ist gleich ausgerundet. Jeder Spieler bekommt am Schluß so viele Kugeln, wie er ins Kacherl gebracht hat. Voll Stolz zieht Steffi plötzlich eine Glaskugel aus seinem Säckchen. Neidvoll bestaunen wir alle das funkelnde Etwas mit einem bunt schillernden Geheimnis in seinem Innern.

Eine Schar Nachbarskinder kommt gelaufen, und das Kugelscheiben geht über ins Räuber- und Schandespiel.

Schneeglöckchen am Dorfanger

Wenige Wochen später haben sich einige der Dorfanger in Zaubergärten verwandelt. Ein stürmischer Märzwind beutelt die winterstarren Zwetschgenbäume und bringt darunter Tausende von Schneeglöckchen zum Läuten. Wir Kleinen hüpfen auf diesem schneeweißen Blumenteppich umher, brocken Glöckchen um Glöckchen als ersten Blumengruß für die Muttergottes mit dem Kind, die seit undenklichen Zeiten mit einem Szepter in der Rechten in einer Nische in der Wiederkehr die Geschicke unseres Hofes lenkt. Schier ist es mir, als hörte ich ein zartes Bimmeln, ein metallisches Säuseln, das über den Glöckchen mit den gelbgrünen Spitzen an den silbrig schimmernden Blütenblättern schwebt. Der herbfrische Duft betört Kindernäschen und Bienenrüssel gleichermaßen.

Ölbergandachten

An den Donnerstagen in der Fastenzeit fanden in meiner Kindheit Ölbergandachten statt. Diese Nachmittagsgottesdienste zu besuchen war für alle Dorfbewohner eine so selbstverständliche Christenpflicht, wie die Sonntagsmesse. Kein Bauer hätte sich um diese Zeit mit Pflug oder Egge auf dem Feld sehen lassen.

Im dunklen Feiertagsstaat strömte alt und jung, die Frauen mit Boschenhut und lila oder dunkelblauer Seidenschürze als Zeichen der Trauer, aus allen Dörfern zusammen, um sich in der Teisendorfer Pfarrkirche einer eindringlichen Fastenpredigt zu unterziehen und dann die plastische Darstellung des Leidensbeginns Christi am Ölberg auf sich wirken zu lassen. Die Mädchen bekamen schwarze Lüsterwickelschürzen umgebunden und genossen den Kirchgang ganz besonders. Zum Zeichen der Trauer waren all die hohen Kirchenfenster mit dichten, schwarzen Stoffvorhängen verhüllt. Daß man am hellichten Nachmittag beim Eintritt in die geräumige Pfarrkirche ins völlige Dunkel tapste, war für uns Kinder spannend und zugleich feierlich erhebend. Von der Predigt, die recht lang und noch von der Kanzel herab gehalten wurde, verstand ich

damals kaum etwas. Dafür schaute ich um so gespannter auf den Hochaltar und wartete ungeduldig, bis sich endlich vor der aufgebauten Kulisse der Vorhang auftat und der Ölberg als beleuchtetes Bühnenbild erschien. Im Vordergrund lagen einige Jünger schlafend, in der Mitte kniete eine Christusfigur mit erhobenem Haupt und gefalteten Händen. Während der nun folgenden Gebete fiel Christus mit ruckartigen Bewegungen zu Boden. Um den Eindruck der Verlassenheit zu unterstreichen, ertönte bei jedem Fall mit wuchtigen Schlägen die tiefe, schwere Angstglocke. Nach dem dritten Fall wurde ebenso ruckweise von oben ein Engel mit einem Kelch in den Händen heruntergelassen, um Christus in seiner Todesangst zu stärken.

Nach der Ölbergandacht durften wir uns auch einmal eine Laugenbreze kaufen. Das bedeutete für uns einen ganz besonderen Genuß. Denn Laugenbrezen wurden noch in meiner Kindheit nur während der Fastenzeit gebacken.

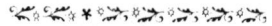

Der Palmesel

In der Nacht zum Palmsonntag fanden wir Mädchen nur schwer den richtigen Schlaf. Meine Schwester Gretl und ich hielten uns gegenseitig wach, um ja nicht als letzte Aufsteher von der ganzen Familie als "Palmesel" gehänselt zu werden. Natürlich schliefen wir immer wieder ein. Plötzlich riß uns ein Gerumpel in der Bubenkammer und ein Gepolter die Treppe hinunter hoch. "Mir ham verschlafa!" Raus aus dem Strohsack, hinein ins Gwandl und den Buben nach war eins. Wir schauten uns in der Runde um und schrien vor Freude: "Der Luggi is no ned auf!" Bald waren wir zum Frühstück fertig. Dichtgedrängt saßen wir um den großen Tisch und freuten uns auf die Gaudi. Auf einmal ging die Stubentür einen kleinen Spalt auf, ein Händchen klammerte sich daran, dann schob sich ein schlaftrunkenes Bübchen im Hemd langsam herein, blinzelte mit einem Auge verlegen und rieb sich mit der Faust das andere. "Poimesl!" lachten wir alle gleichzeitig und übergossen den armen Sünder mit dem Spitznamen. Und das Bübchen in der Pfoad war traurig und verdrückte ein paar Kummertränen.

In Kürze war aber der Schmerz vergessen, und

die 5 Buben standen erwartungsfroh mit Palmboschen und Palmstecken vor dem Haus, nach alter Gepflogenheit zum erstenmal wieder in der kurzen, schwarzen Trachtenhose mit grüner Stickerei. Die Kleineren steckten in einer aus Stoff, die Größeren aus Leder. Die Haselnußstecken hatten sie kunstvoll mit Einkerbungen verziert, und die samtig glänzenden Weidenkatzerl waren mit Buchs und Wacholder geschmückt. Eine geschälte Weidengerte hielt Zweigerl und Stecken zusammen. Eine Manschette aus buntem Kreppapier verschönerte das Ganze. Die Buben gingen stolz den Kirchweg voraus; denn der Palmsonntag war ein Tag für die "Männer".

Die ganze Kirche sah aus wie ein Wald von Palmbäumen und Palmboschen. Besonders spannend war, daß, wie es hieß, der Pfarrer mit den Ministranten aus seiner Kirche hinausgesperrt wurde. Er sang draußen mit dem Chor im Gotteshaus drinnen um die Wette und rempelte danach mit der Kreuzstange dreimal an die Kirchentür. Daraufhin sperrte der Mesner von drinnen wieder auf.

Geweihten Palmkätzchen schrieb man früher besonderen Schutz vor Brand zu. Daher trugen die Buben nach der Kirche den Buschen auf unseren Balkon hinauf. Der alte vom vergangenen Jahr wurde verbrannt. Die Schwestern schmückten den Herrgottswinkel in

der Stube mit einem frischen Sträußerl, und der Vater ließ es sich nicht nehmen, noch vor dem schon duftenden Mittagessen den großen Palmbuschen auf ein nahes Feld hinauszutragen. Die geweihten Zweige sollten Hagel und Unwetter fernhalten und Fruchtbarkeit bringen. Der Bauer war ja früher auf Gedeih und Verderb vom Wetter abhängig und suchte Schutz und Hilfe im Glauben, so wie auch noch teils im Aberglauben.

Bis ins Mittelalter zurück läßt es sich nachweisen, daß an den Palmsonntagen der Einzug Jesu in Jerusalem durch einen Ritt von Priestern oder Laien auf einem lebenden Esel symbolhaft nachvollzogen wurde. Da man später für dieses Lasttier das ganze Jahr über keine Verwendung hatte, ersetzte man es schließlich durch einen Esel auf Rädern. Nach dem Umzug diente das Grautier dann als Ministrantenspaß für lustige Umritte. Andererseits ließen Mütter ihre Kleinen im Glauben an ein gesegnetes Wachstum auf dem Holzesel reiten. Im Laufe der Zeit rissen jedoch solche Mißbräuche ein, daß in der ersten Hälfte des 18. Jahrhunderts der damalige Fürstbischof von Salzburg Palmeselumritte verbot und die Ablieferung der Holztiere anordnete. Eine Kommission holte die Esel von den Kirchenböden, um sie zu verbrennen. Die Äbtissin des Klosters Nonnberg bei Salzburg schritt persönlich gegen den "ketzerischen" Mißbrauch der Palmesel ein. Sie zersägte die alten Esel, schickte ein Viertel als corpus delicti an das fürstbischöfliche Konsistorium in Salzburg und verbrannte den Rest.

Meine Heimatpfarrei Teisendorf unterstand bis 1816 dem Archidiakonat Salzburg und war von dieser Anordnung betroffen. Doch die besonders traditionsbewußten Bürger und Bauern widersetzten sich dem Befehl und verschanzten den geliebten Esel. Vermutlich fiel er dem großen Kirchenbrand am 2. Mai 1815 zum Opfer. Doch die Erinnerung an die Palmsonntagsumritte blieb erhalten und lebt in der scherzhaften Bezeichnung "Palmesel" für den Langschläfer am Palmsonntag weiter.

Gründonnerstag

Am Gründonnerstag läuteten beim Gloria des morgenlichen Gottesdienstes alle Turmglocken feierlich auf, dazu gesellte sich ein langanhaltendes Gebimmel aller Klingelglöckchen und sogar der Sakristeitürglocken. Dann verstummten aus Trauer über den Tod des Herrn alle Klänge bis zur Auferstehungsfeier am Karsamstag Nachmittag. Die Glocken "fliegen nach Rom", hieß es.

Dafür traten die häßlich kreischenden Karfreitagsratschn in Aktion. Die Ministranten schrillten damit beim Gottesdienst und mahnten vor den Häusern zu Gebet und Kirchgang.

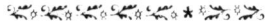

Das Herrngrabschaun

Der Karfreitag war in meiner Kindheit kein gesetzlicher Feiertag. Am Vormittag wurde gescheuert und geputzt, geklopft und entstaubt. Stuben- und Küchenfenster blitzten im österlichen Glanz, Kupferkessel und Messingtiegel, Zinnkannen und Zinkzeug funkelten und strahlten. Wir Kleinen suchten am Bachrand nach Brunnenkresse und Schmalzblumen, Vergißmeinnicht und Schlüsselblumen.

Am Nachmittag ruhte die Arbeit. Alle bis zum letzten Knecht gingen in die Kirche zum "Herrngrabschaun", die einen nach Teisendorf, andere entgegengesetzt nach Weildorf oder nach Höglwörth. In all diesen Kirchen wurde im dämmrigen Licht gebetet, das Kreuz, das in der Mitte des Kirchenschiffs lag, "gebusselt" und das Herrngrab verehrt. Dieses war über dem Hochaltar zu sehen, eingerahmt von bunten, mit Wasser gefüllten Glaskugeln, hinter denen Öllampen brannten. Wächterfiguren standen an der Seite des Grabes.

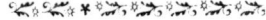

Des gweiht Feier is do!

Am Karsamstag hatten es die Schulbuben besonders wichtig. Schon in aller Frühe schoben sie sich ein zweites extra großes, rotes Schnupftüchl in den Hosensack und stopften dazu Stückchen getrockneter Baumschwämme hinein, soviel nur Platz hatten. Dann machten sie sich mit einer Laterne in der Hand auf den Weg zur Pfarrkirche nach Teisendorf. Nach der Feuerweihe zündeten all die vielen Buben der Pfarrei ihre Laternen an und begannen zu laufen: "s̀ gweiht Feier is do!" rief, wer als erster dran war, vor irgendeinem Haus. Wurde er eingelassen, dann brannte er den Baumschwamm an und überreichte der Bäuerin das Osterfeuer. Diese lief damit zum Herd und fachte Späne an. Für das Feuer bekamen die Buben ein buntes Osterei. So ging es weiter von Haus zu Haus. Auf diese Weise wanderte gar manches Osterei ins Schnupftüchl. Bei uns daheim warf man einen Funken des geweihten Feuers auch in den Brunnen und den Wassergrander. Das Osterfeuer wurde gehütet und sollte nie ganz erlöschen.

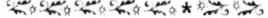

Christus ist erstanden!

Die Auferstehung wurde in meiner Kindheit schon am Karsamstag nachmittags um 3.00 Uhr gefeiert. Dies war also der Auftakt zum Osterfest. In Hochstimmung machten wir uns auf den Weg zur Kirche. Wieder und wieder schaute ich zum Aprilhimmel hinauf in der stillen Hoffnung, daß ich vielleicht doch einmal die Glocken auf ihrem Rückflug von Rom sehen könnte.

Noch war die Kirche in Dunkelheit und Trauer gehüllt. Doch bei dem feierlichen Gesang des Priesters: "Christus ist erstanden!" trugen die Glocken die Kunde lautschallend über den Marktflecken und die Dörfer. Die Wächter vom Herrngrab stürzten zu Boden, der Leichnam Christi krachte polternd in die Tiefe, die Kirche erstrahlte in hellem Licht, und es schob sich die triumphierende Gestalt des Auferstandenen mit der Fahne in der Rechten unter brausendem Jubel von Orgel, Trompeten und Geigen empor. Dieses Spektakel war dazu angetan, die Herzen aufzuschließen und zu weiten für ein seliges Glücksgefühl über die Auferstehung des Herrn. Wer hätte sich dem entziehen können?

Am Ostermorgen trugen wir einen Henkelkorb voll Osterbrot und Eier, Butter und Salz zur Speisenweihe

während des festlichen Gottesdienstes.

Vor dem reichhaltigen Mittagsmahl gab es eine Kostprobe vom "Gweichtn", vor allem von den ungefärbten, hochgeschätzten Antlaßeiern, die uns die legefreudigen Hühner am Gründonnerstag beschert hatten.

Groß war dann der Jubel, als der Osterhase das Moosnestchen am Gartenzaun endlich doch gefunden und mit buntgefärbten Eiern gefüllt hatte. Da ging es dann ans Eierpeckn und Eierscheibn über die Stielbahnen gekreuzter Heurechen, und wir wurden des österlichen Spielens und Scherzens nicht müde.

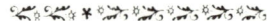

Guten Appetit

"Strawanz ned lang umanand und sog zu der Frau Simon an scheena Gruaß vo dahoam!" Mit diesem Auftrag und einem kleinen Leiterwagen mit 3 Laib frisch duftendem Bauernbrot schickten mich meine Schwestern zum Puncherner Sägewerk. Kurz hinter der Kapelle bog ich wie gewohnt auf einen leicht abfallenden Anger ein. Es war im April, und zu meinem großen Staunen schien die Wiese übersät von leuchtendblauen, zarten Josefsblumensternchen. Die Hühner scharrten und pickten, und die gefürchteten Gänse liefen schnatternd daher und reckten die langen Hälse bedrohlich nahe gegen meine bloßen Füßchen. Da fing ich zu laufen an, O weh, der Anger war frisch gedüngt und mein Wegerl glitschrig feucht! Das Verhängnis blieb nicht aus. Ich rutschte zu Boden, der Leiterwagen schwankte führerlos dahin, kippte um, und die 3 Brotlaibe rollten und rollten, bis sie sich rundum in "duftendem" Odel gebadet hatten. Die Gänseschar watschelte wieder heimwärts. Was aber sollte ich tun? Ich schleifte die stinkende Bürde zum Gefährt und trippelte weiter. Im nahen Straßengraben rieselte ein seichtes Wässerchen zwischen den fettglänzenden Schmalzblumenblüten und -blättern dahin. Dort wusch ich die gelbe Brühe ein wenig ab und trocknete die Brotlaibe mit meinem Wickelschürzchen. "An scheena Gruaß vo dahoam!" stotterte ich heraus, als Frau Simon die Haustür öffnete. "Mei, da hast de aber fest plage müassa!", meinte die freundliche Frau aus dem Württembergischen, als sie mein vor Scham rot angelaufenes Gesicht sah. Sie strich mir über das Köpfchen und holte noch ein Stück Honigkuchen als "Dankeschön!".

Lange Zeit würgte ich ein schlechtes Gewissen hinunter, aber seltsam, die gefürchtete Beschwerde traf nie ein.

Kinderspiele

Noch zeigt der Kalender April, doch um die Höfe streicht ein linder Fönwind. Auf dem Anger sprießt fettes Gras, und drüber in den Baumkronen sind die Knospen am Platzen. Auch wir Kinder können es schier nicht mehr aushalten: "Derf ma barfuaß laffa?" betteln wir tagtäglich. Endlich spricht der Vater das erlösende Machtwort: "Na laffts hoit zua, es Müadsäck, es!" Mit Jubel und Geschrei rennen wir hinaus, endlich befreit von den kratzenden Schafwollstrümpfen und den klobigen Nagelschuhen. Wie weich und zart ist doch das junge Gras am Anger! Wir stechen einen Wasen aus und lassen ihn im Erdreich stecken. Einer, der "Peter Bär", ist zurückgeblieben und muß ihn suchen: "Grasei ropfa, Grasei ropfa, kimmt der Peter Bär!" Wir hüpfen dahin und dorthin, um ihn in die Irre zu führen und necken ihn mit "Grasei ropfa". Hat das Kind schließlich den Wasen entdeckt, darf es einen neuen ausgraben, und ein anderes Kind sucht. Nun sind wir von den Winterfesseln befreit und hüpfen voll Übermut umher: "Doa ma: Schneider leih ma d´ Schaa!" "Ja!" schreit es durch den Obstanger, und immer mehr Kinder roasn herbei. Dann wieder heißt es "Fürchtet ihr den schwarzen Mann?" oder "Wollt ihr wissen, wie der Bauer...seinen Hafer aussät?".

Einen Mordsspaß hatten wir Dorfkinder, wenn wieder einmal am Marktbrunnen in Teisendorf hoch aufgerichtet auf den Stelzen ein Nigrinmann als Kaminkehrer gekleidet umeinanderstolzierte und Gutteln und Reklameheftchen auf die begehrlich schreienden Buben und Mädchen herabflattern ließ. Sofort machten sich dann die Dorfbewohner an die Arbeit, die alten Stelzen festzuhämmern und neue zusammenzuklopfen. Und dann stelzten und stolperten wir dahin, die Größeren in stolzer Höhe, wir Kleinen in bescheidenen Ebenen. Und die Dorfstraße dahin hörte man ein Stapfen und Trampeln, ein Lachen und Lärmen. Später, wenn sich die zarten Kinderfüßchen der Schafwollstrümpfe und Nagelschuhe entwöhnt hatten, kamen die Buben auf den Gedanken: "Heit doa ma Roafscheibn!" Davon waren alle begeistert. Was hatten doch da so eine Werkstatt und Wagenhütte einen Schatz an alten Eisenreifen! Sie stammten von Leiterwägen, Schubkarren, Radltruhen, Heuwägen, Mistwägen und Bruckenwägen, Schafferln, von Regenfässern und Odeltruhen. Flinke Kinderhändchen erweckten dieses alte Eisen zu neuem Leben. Jeder konnte einen passenden Reifen finden. Anscheiben, mit einem festen Knittl drauflosschlagen, und schon rollte und rollte er dahin. Es knirschte der Sand, es knallten die Treiber, es jauchzten die Kinder. Auf der ebenen Dorfstraße war es ein Leichtes, das Gefährt zu zügeln. Trieben wir dann den Hügel hinauf zum Kreuzerl, dann mußten wir schon tüchtig dreinschlagen. Ging es aber abwärts, dann gerieten Reifen und Reifchen außer Rand und Band. Ungezügelt sprangen sie dahin, liefen in den Graben oder hüpften in den Acker. Aber wir Kinder wiesen sie wieder energisch in ihre Bahnen.

Besonders lustig ging es um die Maienzeit zu, wenn meine Brüder aus alten Dachschindeln kleine Mühlräder bastelten, die wir dann im munteren Bächlein plätschern ließen. Doch der Höhepunkt der Spielfreuden war die Zeit der Sommervakanz. Da trudelten Jahr für Jahr im Zuge der Landverschickung einige Kinder ein. Bei uns fand jeweils eine kleine Marile Aufnahme, ihr Bruder, der Pepi, durfte beim Diwen die Ferien verbringen. Den eigentlichen Schwung aber brachte meine Schwester Marie mit sich. Sie kam von einer Seminarschule und wußte gar manches neue Spiel und manches neue Lied. Ich bestaunte die große Schwester in ihrem kornblumenblauen Matrosenkleid, den lichtblauen Augen und den aschblonden Gretelzöpfen um den Kopf. Alles lief auf dem Platzl vor unserm Hof zusammen was singen und springen wollte. Und sogleich ertönte

"Der Sandmann ist da!" oder "Wollt ihr wissen, wie der Bauer seinen Hafer aussät?".

Wenn es zu dämmern anfing, setzten wir uns zum Schluß noch ein Viertelstündchen aufs kurze Gras auf unserem Platzl oder auf Tisch und Bänke unterm Birnbaum, schäkerten und plauderten. Da gab man Schulstreiche zum besten, Spottverse, Zungenbrecher, auch als Stabreime oder Kettenreime. Einer unserer Nachbarn hatte den Hofnamen "Huber". Da hörte man oft: "Hintern Huawa Haus hoi heit hunert Hosn huastn hern!"

Die alten Kettenreime "Gesten hoi Kugl gschiem", oder "Das ist der hölzerne Hansl" kannte jeder.

Sobald dann vom Teisendorfer Kirchturm das Gebetläuten ertönte, liefen alle Kinder mit einem flüchtigen "Gut Nacht" heim in ihre Höfe.

Unter der Dorflinde

Das Herz meines Heimatdorfes schlug unter der Linde. Hier schmiegt sich noch heute eine bescheidene Kapelle an den altehrwürdigen Stamm. Sie ähnelt in der quadratischen Bauweise und der Dachgestaltung der Flurkapelle im Hägfeld in Waging, der Überlieferung nach eine Pestkapelle aus dem 17. Jahrhundert. Sitzbänke in stattlicher Länge und Breite luden zu geruhsamem Verweilen ein, allerdings nur die Männer und Burschen. Zum Rosenkranzbeten versammelte sich die ganze Dorfgemeinschaft am Samstag nach dem Abendmahl und am Sonntag um 1 Uhr mittags in der Zeit von Mai bis nach der Ernte. War das eine Feierabendstimmung an den Samstagen, wenn nach einer Woche voll Mühe und Plag aus allen Höfen der Duft nach Dampfnudln aus den großen, schwarzen Eisenpfannen durch die hölzernen Deckel strömte und das ganze Dorf umhüllte. Um dreiviertel 7 Uhr bimmelte von der Freßglocke beim Eckern her das erste Zeichen zum Rosenkranzbeten, im Mai an der Kapelle, im Sommer um die Fluren. Frisch gewaschen war schon jeder, flink noch eine saubere Schürze umgebunden und die Locken mit Kamm und Wasser glattgestrichen. Dann liefen wir

eins ums andere durch die Einfahrt hinüber zur Kapelle, gleich schräg hinter unserm Hof. Nach dem zweiten Glockenzeichen verstummte das Geratsche und Gebrumme, die Männer knieten sich auf den langen Balkenbetschemel, ihnen zugewandt die Burschen und Buben um die Sitzbänke geschart. Frauen und Dirndln gingen auf dem sandigen Platz vor der Kapelle in die Knie. So ein Rosenkranz mit Litanei konnte einem qualvoll lang vorkommen, wenn sich die spitzen Steinchen erbarmungslos in die zarten Kinderknie hineinbohrten.

Da war mir das Feldbeten in den Sommermonaten schon viel lieber. Ein langer Zug schlängelte sich dahin, eines hinter dem anderen; denn wir wanderten meist auf schmalen Feldwegen. Die Buben führten an, dann folgten Burschen und Männer, die in ihren genagelten Pantoffeln richtig im Takt dahinschlappten. Als eine der Jüngsten von allen konnte ich oft gleich hinter meinem Vater trippeln. Die Frauen folgten zuletzt und mußten nachbeten. Der Gang durch die heimischen Fluren war ein einziges Schauen und Staunen, Entdecken und Lauschen. Und während Perle um Perle der Rosenkränze durch die schwieligen Bauernhände glitt, wanderten die Gedanken und Blicke vom Kornfeld zum Klee, vom Hafer zur Gerste, von der Wiese zum Weizen. In dieses eintönige "Gegrüßt seist du, Maria!" drang ein Summen und Gurren, ein Pfeifen und Trillern.

Es war eine Andacht besonderer Art, die meine kindliche Seele durchdrang, fern zwar von den Worten, die über die Lippen kamen, aber doch ganz nah dem Göttlichen, ein Beten, das in der Harmonie von Mensch und Natur seinen Ausdruck fand. Die Prozession schlängelte sich auf einem kreisförmigen Pfad wieder zurück und langte gerade bei der Kapelle an, wenn das dumpfe "Gelobt sei Jesus Christus" der Männer durch das "in Ewigkeit, Amen!" in einer breiten Skala von zart und fistelnd, hell und dumpf bekräftigt wurde. Nach einem kurzen Ratsch zog sich alles Weibliche in die Höfe zurück. Die Männer aber ließen den Rosenkranz in den Hosensack gleiten und holten aus dem Fetzenlatz Pfeife und Tabaksbeutel heraus. Bis tief in die Dunkelheit hinein hörte man sie heiter diskutieren und dazwischen wieder lautstark lachen.

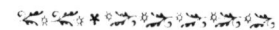

Die kleine Botanikerin

Es war Anfang Mai, ein ganz gewöhnlicher Schultag. Und doch hat er sich tief in mein kindliches Gedächtnis eingeprägt.

Da saßen also etliche Dutzend Mädchen der zweiten und dritten Volksschulklasse mehr oder weniger gelangweilt in den abgewetzten Schulbänken, die kleinen Hände flach auf dem Schreibpult liegend, und ließen den Unterricht über das Frühlingserwachen auf Acker und Wiese über sich ergehen. Nur allzu gerne hätte ich einen Blick in Richtung zum Fenster getan und meine kindliche Phantasie mit den weißen Fönwölkchen auf die Reise geschickt; doch jede Bewegung war untersagt. "Wir müssen lernen, die Natur genau zu beobachten!" erklärte die rothaarige Lehrerin Sofie, deren Gesicht stets gebräunt erschien vor lauter Sommersprossen. "Aicher! wandte sie sich plötzlich an mich, und ich erschrak nicht wenig, "du darfst von nun an jeden Tag einen Halm auf einem eurer Kornfelder messen, bis das Getreide geerntet wird. Bind' zur Markierung ein Bändchen darum und schreib das Datum und die Höhe gewissenhaft in ein Heft ein!" Ich war gefesselt von der Bedeutung dieses Auftrags.

Kaum war die Schule aus, fing ich an zu laufen, die Landstraße dahin, heimwärts, immer nur heimwärts. Klopfenden Herzens rannte ich zum ersten Mal allein die endlos lange, düstere Waldstraße entlang, sauste ängstlich an den Totenbrettern vorbei und verschnaufte nicht eher, als von der jenseitigen Anhöhe mein Heimatdorf herübergrüßte. Jetzt erst wurde mir bewußt, wie sehr meine winterbleichen Füßchen, des Barfußlaufens noch ungewohnt, unter den spitzen Schottersteinen der Landstraße schmerzten. So trippelte ich nun gedämpfter über Brunnenkresse und Schmalzblumen an Wassergräben und Feldrainen entlang weiter. Schnatternd begrüßte und belästigte mich eine Schar Gänse unseres Nachbarn. Mein Vater lehnte nach meinem Bericht die Sense an die Wand und holte sogleich aus der Werkstatt einen blauen Meterstab: "Do, Hanni, den derfst ghoitn, so lang wiastn brauchst!" Meine große Schwester Nanni kramte aus Vaters Schreibzeug einen großen orangefarbenen Briefumschlag und einen kurzen Tintenbleistift und bemerkte: "Koa Heft kafma weng dem ned! Der Umschlag duats leicht zon aufeschreim!" Dann brachte sie noch aus dem Nähkörbl im Wandkastl ein Stück Schafwolle und meinte: "Do, des kost hernehma, mir ham koa farbegs Bandl ned! Des bindst um den Stingl ume, aber fei ned z'fest!"
So ausgerüstet für meine Forschung strebte ich

sogleich durch den Obstanger einem nicht weit entfernt liegenden frischgrünen Acker zu. Noch war die junge Herbstsaat kaum zwei Kinderspannen hoch. Bedeutungsvoll suchte ich etwa einen halben Meter feldeinwärts nach einem kräftigen Schößling, band ihm den Wollfaden um, fügte einige Knoten als Zugabe daran und fing an, den nun erkorenen Schützling zu messen. Sodann trug ich das Ergebnis sorgfältig auf dem orangefarbenen Umschlag ein. Zuhause verstaute ich mein Schriftstück in der Fibel in meinem Schulkalier, schob darunter den Meterstab und legte den Tintenstiftstummel in meine Griffelschachtel.

Ein wenig wichtig kam ich mir schon vor, als ich im nächsten Naturkundeunterricht das Ergebnis meiner ersten Messung vorlesen durfte. Die Höhe mußte ich anhand des Meterstabes vorzeigen. Freilich erntete ich eher ein mitleidiges Lächeln, daß mein Getreidehalm noch so niedrig war.

Tag für Tag lief ich gleich nach der Schule zum Kornfeld zum Messen. Die ersten Wochen jedoch stellte der Schößling meine Geduld auf eine harte Probe. Er zeigte stets das gleiche Bild: drei lanzettförmige Blätter, eines davon steil nach oben gerichtet. Ein Wachstum ließ sich kaum herausmessen. Eines Tages aber entdeckte ich zwei weitere Blätter und zwei feste Knoten am Halm, der mir nun schon bis zu

den Knien reichte. So zielstrebig ich auch stets dem Roggenfeld zulief, um so mehr ließ ich mich auf dem Heimweg ablenken. Es gab ja so vieles zu schauen und zu belauschen: Drollige Lämmchen, Löwenzahnwiesen voll goldener Blüten mit Hummeln und Schmetterlingen, flitzende Schwalben, die die nimmersatten Jungen in den spitzen, grauen Nestchen unterm Dach der Wiederkehr unseres Hofes fütterten.

Nur einmal in der Woche durfte ich in der Schule das Ergebnis meiner täglichen Messungen bekanntgeben. Mein Halm reckte und streckte sich, bekam zwei weitere Blätter und ließ schon deutlich drei Knoten erkennen. Wie immer stach das oberste Blatt wie eine Lanze empor. Eines Tages machte ich eine beglückende Entdeckung: Da lag doch von dem Blatt, das sich so steif nach oben reckte, schützend umhüllt, eine zartgrüne Roggenähre. Jetzt endlich konnte ich wirkliches Getreide messen. Voll Stolz verkündete ich in der Schule, daß mein Halm samt Ähre nun schon dreiviertel Meter maß.

Es dauerte nicht lange, da hatte mich mein Schützling an Wuchs weit überholt. Groß war mein Erstaunen, als eines heißen Junitages der Fönwind über das weite Kornfeld wogte und Wölkchen von Blütenstaub emporwirbelte. Und ich gewahrte ein tausendfaches Zittern von locker schwingenden Fäden an den blühenden

Ähren, die den goldgelben Blütenstaub dem Windstoß überließen. Freilich mußte ich erst in der Schule darüber belehrt werden, daß die fiederförmigen Narben dazu bestimmt sind, den freiwirbelnden Blütenstaub aufzufangen. Allmählich hatte ich das reifende Kornfeld ganz besonders ins Herz geschlossen. Und hier zwischen den schlanken, fahlgrünen Halmen pflückte ich nach Herzenslust rotblaue Sträuße von Mohn- und Kornblumen. Doch auch die winzigkleinen Blümchen hatten es mir angetan: die roten Sternchen der Ackermire, das Stiefmütterchen, der Ackerenzian und das Vergißmeinnicht. Woche um Woche verging. Unter der sengenden Julisonne reifte der Sommer heran und mit ihm das Korn. Durstend und bleich stand mein Halm in der rissig-trockenen Ackererde. Täglich schleppte ich einen Steingutkrug voll Wasser aufs Feld. Doch mein Schützling ließ sich zu keinem weiteren Wachstum mehr anregen, hatte er doch schon fast die stattliche Höhe von 2 m erreicht. Mehr und mehr neigte er sein Ährenköpfchen unter der Last der prallen Roggenkörner und spreizte die langen Grannen fächerförmig vor Dürre.

Eines heißen Julinachmittags ging ich etwas schneller als gewohnt die staubige Landstraße entlang von der Schule heim. Dann löffelte ich im Wettbewerb mit meinen Geschwistern Ludwig und Gretl meinen kleinen

Weidling voll gestöckelter Milch leer und hinaus gings zu den Kirschbäumen. Und während meine Geschwister die Leitern hochkletterten, lachten und Kerne spuckten, stand ich wie gelähmt im Gras: "Mei! Mei Strohhalm! Mei!" Dem Weinen nahe schaute ich hinüber auf ein langgestrecktes Feld voller Kornmandln. In irgendeine dieser Garben mußte mein Halm hineingebunden worden sein, aber wo? Ohne Hoffnung zog es mich dennoch aufs Feld. Aber ich suchte vergebens. Warum hatte man mich denn nicht vor dem Schneiden verständigt? Als mich dann am Abend mein Vater fragte: "Hostas gsehng, de Kornmandl?" da spürte ich eine noch tiefere Traurigkeit. Ich sprach kein Wort über meinen Schmerz, denn meine Brüder hätten mich nur ausgelacht. Aber es dauerte Tage, bis ich meinen Schützling vergessen konnte.

Eine Kinderprozession

Um Fronleichnam scharten wir Dorfkinder uns alle zu einer Art Prozession zusammen. Buntgestreifte Fleckerlteppiche und derbe Leintücher flatterten von hölzernen Heurechen herab. Im stolzen Bewußtsein ihrer künftigen Männlichkeit schritten die Buben voraus, schmetterten mit überlauten Stimmen ein "Gegrüßt seist du, Maria!" nach dem anderen in den sonntäglichen Dorffrieden empor und ließen Perle um Perle ihrer glasfunkelnden Rosenkränze durch die Kinderhände gleiten. Über den straff geflochtenen Zöpfen der Mädchen saßen dicke Kränze von Margeriten. Auch von ihren Händen tanzten Rosenkränze in Blau und Weiß. Ein paar glückliche Besitzer von Henkelkörbchen streuten Kamille, Korn- und Mohnblumen auf die staubige Dorfstraße. So schlängelte sich der Zug dahin zwischen blühenden Wiesen und wogenden Feldern, die Anhöhe empor bis zum Kreuzerl. Dort war der erste "Altar". Und schon erhoben einige der Leitbuben ihre Stimmen laut und sprachgewaltig zu ein paar Sätzen des "Dominus vobiscum". Und aus aller Munde erscholl das tägliche Schulgebet "Alles meinem Gott zu Ehren".

Den zweiten "Altar" bildete ein weiteres Feldkreuz auf dem Weg in Richtung Stötten. Dann bewegte sich der Kinderzug immer noch in würdevoller Ordnung dorfwärts den Hügel hinab. Unsere kleine Nischenkapelle an der Ostseite des Hofes hatten wir als dritten "Altar" mit einem Kranz aus Tannengrün und Papierrosen festlich geschmückt. Doch kaum umfing uns der kühlende Schatten unserer Behausung, als sich der fromme Zug zu einem Knäuel schreiender, rankelnder Kinder zusammenballte und die weihevolle Andacht an dem angestauten Übermut zerplatzte und sich wie Weihrauchwölkchen in der Sommerhitze verflüchtigte.

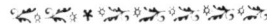

Beim Schafschern

Es war wohl noch vor der Heuernte, also an einem freundlichen Tag im Mai, daß unsere Schafe ihres dicken Winterpelzes entledigt wurden. Wir hatten zuweilen über 60 Schafe. So läßt es sich leicht denken, daß jeder am Hof zupacken mußte. Sobald zwei meiner Brüder den Schafstall betraten, um das erste Opfer zu holen, fing die ganze Herde zu blöken an, da die Tiere auf die Weide begehrten. Und dieses "Mäh, Mäh" hielt so lange an, bis sich am Abend alle Schafe wieder ohne ihr Wollkleid zur Nachtruhe legten.

Zunächst führten und schoben die Buben jedes Vieh einzeln zu einem Bad. Zu diesem Zweck füllten die einen der vielen Mädchen einen großen Waschzuber neben dem Leierbrunnen mit lauwarmem Wasser, andere übergossen das Tier, die nächsten rieben und wuschen den Pelz feinsäuberlich. Dann kam nochmal ein kräftiger Guß, und das Schaf konnte im Obstanger herumspringen. Nun waren wir Kleinen an der Reihe. Ludwig und ich mußten darauf achten, daß sich keiner der Badegäste aufs Gras setzte oder in den Schatten stellte. Der gewaschene Pelz sollte durch Bewegung in Luft und Sonne recht bald wieder trocknen.

Inzwischen trafen die Männer die Vorbereitungen für die Schafschur. Am großen Birnbaum zwischen Hof und Zuhaus stand der Schurbock, eine in der Mitte leicht nach unten gewölbte Bank aus Stangen zum Schafschern. Am Tisch daneben lag eine Anzahl frisch geschliffener Schafscheren. Die typische Form dieser Werkzeuge soll, nach Funden zu schließen, schon bei den Römern im Gebrauch gewesen sein. Schrägen und Bretter schleppten die Brüder aus Werkstatt und Wagenremise und fügten sie zu großen Flächen zusammen, um die Wolle darauf auszubreiten. Zum Scheren band man Vorder- und Hinterbeine zusammen, da sich die Tiere mit aller Gewalt sträubten und bei heftigen Bewegungen leicht verletzt werden konnten. Der Vater und die größeren Brüder hantierten mit erstaunlicher Fertigkeit und hatten mit der Zeit Schaf um Schaf ihrer Wolle entledigt. Häßlich nackt standen diese daraufhin da, blökten als Antwort auf die unerwünschte Behandlung und rannten zur Herde. Wir Kinder breiteten die lockige Wolle auf den Brettern aus und lüfteten sie von Zeit zu Zeit zum gänzlichen Trocknen. Endlich war der letzte Schnitt getan. Nur die Lämmchen durften ihr weißes Wollkleid behalten.

Ehe sich der Tau herniederlegte, packten die Mädchen die Wollberge in Wäschekörbe und stopften sie in Säcke. Ein Teil sollte für Wolljanker, rot-schwarze

Unterröcke für die Frauen und Ochsendecken verarbeitet werden. Der andere wurde fürs häusliche Spinnen bestimmt. Aus dieser Schafwolle strickten die "Weiberleut" Strümpfe und Socken, Fäustlinge und Mützen, Trachtenjacken und Westen und nicht zuletzt wollweiße Unterröcke für uns Mädchen. Doch dafür hatte es noch Zeit bis zum Winter.

Es geht ans Heuernten

Was war das doch für ein buntes Blühen und Prangen, ein Summen und Zirpen, ein Flattern und Gaukeln auf einer mähreifen Frühlingswiese! Und der Kuckuck wurde nicht müde, vom Waldhochsitz herüber seinen bezaubernden Lockruf in die dämmernde Frühe hinauszuschallen. Fasane stolzierten am Feldrain entlang und tauchten unter im tauigen Gras.

Es ist Feierabend vor der Ernte. Im Dorf hallt der Denglschlag von Hof zu Hof. Sense um Sense prüft der Vater und klopft zwischen Hammer und Eisen die Schneid zurecht.

Nachts um 2 Uhr wird geweckt. Wenig später schieben sich aus den Scheunen und Höfen dunkle Gestalten, eine hinter der anderen. An der Hüfte den Kumpf mit Wetzstein, auf der Schulter die Sense und einen Rechen klappern sie mit den Holzschuhen die kiesige Straße dahin. Die Wiese, die große Leher, liegt nah. Und bald schon rauscht es im taufrischen Gras, Sense schwingt hinter Sense, immerzu, unterbrochen nur durch das monotone Wetzen der Sensen.

Beim Morgengrauen gehen die Stalldirnen heim zum Füttern und Melken, Ausmisten und Putzen.

Pünktlich um halb sieben Uhr treffen wir Kleinen mit einem Leiterwägelchen, beladen mit einem kräftigen Frühstück, der "Suppn", auf der Wiese ein. Der Krug mit einem frischen Trunk aus dem Leierbrunnen geht zuerst von Hand zu Hand. Dann runden sich die Mäher zu einem Kreis auf frischen Grasbüschln und tauchen ihre Blechlöffel in eine weite Emailschüssel voll aufgeschmalzener Brotsuppe mit Schnittlauch darauf. Der Holzdeckel auf der ausladenden, eisernen Pfanne wird sogleich gelüftet, und der Duft nach dem buttergesättigten "Mus", einem kräftigen Bauernschmarrn, verleitet zu noch rascherem Eßtempo. Ist das letzte Brösel herausgescharrt, nimmt jeder noch einen Schluck aus der blauen Emailkanne voll kühler Buttermilch. Dann geht es wieder ans Mähen, bis die Sommersonne den letzten Tropfen Tau aus Gras und Blumen getrocknet hat. Ludwig und ich ziehen den Leiterwagen mit dem klappernden Eßgeschirr heimwärts.

Nach zwei Stunden geht es schon wieder auf die Wiese. Da fahren wir dann den "Neuner" mit uns, einen großen Steinkrug voll Scheps, das ist dünnes Erntebier, Bauernbrot und Bauernspeck.

Pünktlich um 11 Uhr läutet die Hausglocke zum Mittagessen. Eine flüchtige Erfrischung am Leierbrunnen. Zum Mittagessen gibt es nachweislich seit Generationen außer am Freitag und am Sonntag bei uns und bei jedem Bauern in der Umgebung ganz das Gleiche: Eine Schüssel voll Sauerkraut, Speckknödel mit Suppe, große Schüsseln voll Kartoffelsalat, grünem oder Gurkensalat, danach Buttermilch. Ein kurzes Gebet im Sitzen beschließt das Mittagessen.

In der nun folgenden halben Stunde hat jeder im Haus oder Stall zu tun: Aufräumen, Vieh versorgen, Nudelteig fürs Abendessen anrühren, Werkzeug richten. Der Vater gönnt sich meist eine Viertelstunde Rast auf dem Kanapee.

Sommerlich heiß brennt die Junisonne hernieder. Da heißt es für uns alle zum Heuumkehren hinaus auf die frisch gemähte Wiese. Mit Strohhut oder weißem Kopftuch gegen die Hitze geschützt, packt jeder einen

Holzrechen und strebt dem Leher zu. In rascher Folge reiht sich dort einer hinter den anderen und wendet zügig schreitend das welkende Gras. Meine etwas größeren Geschwister bilden fast ohne Abstand das Ende der langen Schlange. Doch ich bleibe immer weiter zurück, obwohl mir der Vater im Winter einen Kinderrechen gezimmert hat. Die raschen Umkehrbewegungen und der doch zu schwere Rechen gehen weit über meine Kräfte. In immer kürzeren Abständen zieht die heuwendende Schlange teils mich ermunternd, teils tadelnd, an mir vorüber. Endlich ist die Arbeit getan. Wir schultern die Rechen und ziehen heimwärts zum "Untern". Wohl des kühleren Raumes wegen wird

diese Zwischenmahlzeit am großen Tisch gleich im Hauseingang eingenommen. Da gibt es Geräuchertes mit Bauernbrot und Rettiche, vom Vater behende geschnitten, zu trinken Scheps oder Most. Wir Kinder löffeln aus braunen, irdenen Schüsseln gestöckelte Milch.

Am späteren Nachmittag geht es erneut auf das Leher. Stalldirnen, Knecht und Köchin bleiben am Hof. Das inzwischen schon ziemlich trockene Heu wird in einem Abstand von etwa einem Meter zu kleinen Zeilen gereiht, "groalt" und am Schluß noch zu kleinen Häufchen zusammengerecht oder "gschöbert". Beim Heimgehen hört man da und dort den vertrauten Denglschlag. Wieder müssen alle Sensen für den morgigen Schnitt gedengelt werden. Den trockenen Gaumen erquicken wir am Leierbrunnen, und die roggenen Dampfnudeln mit Zwetschgenwoak schmecken nach solcher Anstrengung besonders gut. Natürlich wird jede Mahlzeit mit Sauerkraut und Buttermilch eingerahmt.

In der folgenden Nacht um 2 Uhr torkeln die Erwachsenen und die Heranwachsenden wieder schlaftrunken die Treppe hinunter. Auch heute wird gemäht; denn das Barometer steht auf heiter. An einem so arbeitsreichen Tag heißt es umsichtig einteilen. Etliche müssen am späten Vormittag das frisch Gemähte

umkehren, andere gehen auf das Leher, um die kleinen Heuhäufchen mit einer Eisengabel zum weiteren Trocknen auszustreuen. Ist das Heu richtig resch, kann mit der Vorbereitung fürs Einfahren begonnen werden. Im Abstand von etwa 3 m rechen die großen Leute das Heu zu dicken Zeilen, damit die Fuhrwerke bequem durchfahren können.

Gleich nach dem Mittagessen wird eingeschirrt. Wir Kleineren klettern auf den leeren Heuwagen mit dem Ochsengespann, auch wenn er auf der Dorfstraße noch so rattert und scheppert. Mit raschem Tempo geht das Einfahren los. Zwei kräftige Männer schieben mit großen Eisengabeln die Heuzeilen zusammen und schlagen auf. Eine Dirn kommandiert auf dem Wagen, wohin man ihr das Heu hinlangen soll. "Vorn auf!" "Mitt ei!", "Oi dro!", "Hint auf!", so ruft sie bald nach rechts, bald nach links. Ich muß am Fuder bleiben und das lockere Heu fest zusammentreten. Zum Nachrechen sind auf beiden Seiten je zwei Frauen eingeteilt. Auf das Kommando an die Fasterin auf dem Fuder: "Hob die oo!", fährt einer der Kleineren die Ochsen ein Stück weiter. Er muß ihnen auch mit einer Lederklappe die unzähligen großen und kleinen Bremsen wehren, die die Tiere trotz des stinkenden Bremsenöls belästigen. Ist das Heu zu einer stattlichen Fuhre hoch aufgetürmt, dann wird der Wisbaam daraufgeschoben, zuerst vorn, dann hinten seitlich festgebunden. Daß nichts beim Heimfahren verlorengeht, muß auf allen Seiten noch sauber abgheigt werden.

Kaum ist ein Fuder aufgeladen, da steht auch schon der nächste Wagen da. Das Heimfahren so hoch droben auf dem Fuder ist herrlich. Doch weniger schön empfinde ich das Abladen im Heuboden. Da heißt es treten und treten, Stunde um Stunde, nur unterbrochen durch eine kurze Stärkung zum "Untern". Ist ein Wagen entleert, schwankt die nächste Fuhre ratternd zur Tenne herein. Zehn Ladungen sind üblich, über zwanzig schon selten. Vom reschen Heu, den sperrigen Stengeln und kratzenden Disteln sind meine Beine zerstochert und blutend. Doch auch bei den Kleinen gibt es keine Nachsicht.

Endlich ist der Abend da. Mit einem Schluck kuhwarmer Milch lösche ich noch schnell vor dem "Nachtmahl" den brennenden Durst.

Etwa zwei Wochen und auch länger dauern oft die großen Anstrengungen der Heuernte. Bei regnerischem Wetter muß das Heu noch dazu gehiefelt und oft und oft gewendet werden.

Etwa Anfang Juli wird auch der Rotklee gemäht und zum Trocknen gehiefelt.

Das Kornschneiden mit der Sichel

Taufrisch ist noch der Morgen, da ziehen die Schnitter aufs Feld hinaus. Reif zum Schnitt neigen die Kornähren ihre Köpfe. Sichel um Sichel kreist um die Halme, Büschel um Büschel reiht sich zur Ernte. Stunde um Stunde tropft der Schweiß auf Ähren und Stoppeln. Was heute der Sichel zum Opfer fällt, kann morgen schon geerntet werden.

Am anderen Tag in der Frühe wird wieder geschnitten. Gleich nach dem Mittagessen geht es dann zum Ernten aufs Feld. Nur wir Kinder laufen barfuß durch die Stoppeln, die Größeren schlappen mit Holzschuhen oder genagelten Lederpantoffeln dahin. Ein ganzes Bündel von Garbenstricken in giftgrün oder lila trage ich um den Hals. In kurzen Abständen werfe ich einen Strick mit einem Hölzl zum Festbinden auf das Stoppelfeld. Zwei meiner Schwestern schieben in gebückter Stellung mittels eines spitzen Holzrundlings, eines Garbenknittels, ein paar Arm voll Getreide zusammen und legen sie sachte auf die Stricke. Und schon drängt der Knecht nach und bündelt mit kräftigem Griff das Ganze zu Garben. Wir wetteifern im Tempo mit einer weiteren Arbeitsgruppe, bei der mein Vater

die Garben schnürt. Da kreischt auch schon ein Wagen durch den Sand, und das Aufladen kann beginnen. Zwei kräftige Männer stemmen die Garben mit der Ährenseite nach innen auf den Wagen. Eine weibliche Person fastet das Fuder, das heißt richtet die Garben zurecht. Zwei Frauen rechen nach. Ich führe die Ochsen nach dem Kommando "Wüah!" durch die Reihen und halte jeweils nach dem Ruf "Ou!" an.

Und wieder geht das Arbeiten Hand in Hand: Aufladen, Ableeren, Aufladen, Ableeren.

Aber die Kornernte dauert Tage und der Rücken der Schnitter schmerzt mehr und mehr.

Ist der Roggen dann endlich in der Scheune, müssen die restlichen Halme, die langen Stoppeln, gemäht werden. Dieser Schnitt erfordert Kraft und Schweiß. Das Stroh wird um einige hohe, kräftige Pfosten zu trichterförmig sich nach oben verjüngenden Hiefeln, den "Halmertristen", geschichtet und bleibt nicht selten über den Winter an Ort und Stelle.

Sobald es die Zeit erlaubt, reißt der Vater das Feld, das heißt, er ackert es flach um und sät darauf weiße Rüben.

Die Weizenernte

Ernteschwer steht das stattliche Weizenfeld droben beim Kreuzerl. Längst vorm Hahnenschrei rauschen die Sensen und singen die Wetzsteine "Host a hirte? Host a hirte?" Der Knecht sorgt bei den jüngsten Schnitterinnen um gute Schneid und trägt den Kumpf, ein Ochsenhörndl, mit etwas Wasser und den Wetzstein hinten am Gürtel.

Die Sonne müßte hoch am Horizont stehen, doch sie versteckt sich schon seit längerem hinter einer gewitterträchtigen Wolkenwand. Gleich nach dem Mittagessen eilen alle zum Mandlaufstellen hinauf aufs Feld. Wir Kleinen werfen die bunten Garbenstricke. "Au, wie diese harten, kurzen Stoppeln stechen und kratzen!" Mit hölzernen Gabeln schieben und heben die größeren Mädchen die langen Getreidehalme zusammen und legen je drei Büschel auf die Garbenstricke. Mit Kraft und Geschick binden zwei Männer Garbe um Garbe zusammen. Mein Vater hat mittlerweile begonnen, die Mandln aufzustellen. Drei Garben kommen ziemlich aufrecht in die Mitte, vier werden außen angelehnt. Im Wettlauf mit dem daherdrängenden Wetter schießt Mandl um Mandl, Reihe hinter Reihe aus dem Stoppelfeld.

91

Der Wind wirbelt über die Stoppeln, reißt Tücher von den Köpfen und läßt Strohhüte tanzen. Mit vereinten Kräften stehen sie nun da, die schmucken Mandln. Im Laufschritt gehts die Anhöhe hinab; denn der Sturm peitscht uns Wolken von Staub und Regen ins Gesicht.

Nach etlichen verdrießlichen Tagen zeigen sich Sonne und Wind wieder strahlend freundlich und umwärmen und umfächeln die zerzausten und verschnupften Weizenmandln. Sorgfältig fahren wir nun die starren Garben mit den gesenkten Köpfen in die Scheune.

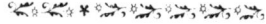

Gersten- und Haferernte

Gerste und Hafer sind inzwischen auch zur Ernte herangereift. Sie haben einen kürzeren Wuchs, werden mit der Sense gemäht und müssen nach dem Schnitt auf dem Feld noch völlig austrocknen. Zum Wenden nehmen wir Holzstäbe, das untere Ende gabelartig gebogen, doch nur mit einem "Zinken".

Ich scheue die Gerste mit ihren gegrannten Ähren, deren borstige Spitzen beim Festtreten auf dem Erntewagen überall stechen und kleben. Doch dem goldgelben Hafer mit den glöckchengleichen Rispen auf weichem Stroh gilt meine kindliche Zuneigung. Da ziehe ich gerne meinen Rechen hinter dem Fuder, wenn der Erntewagen zwischen den Zeilen dahinfährt.

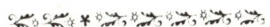

Beim Wasserrübenstehlen

Ja so ein Feld von Wasserrüben hatte für uns Schulkinder eine besondere Anziehungskraft. Auf dem Heimweg von der Schule fingen wir plötzlich zu rennen an, wenn der wohlvertraute Duft dieser Kräuter uns um die Näschen strich. Den Schulkalier weggeschmissen, eine Rübe herausgezogen und am Feldrain das Erdreich abgewischt, war eins. Dann setzten wir uns genießerisch ins Gras, bissen das Schwänzchen der Rübe ab, hielten mit der Linken das Kraut und zogen die Schale rosettenförmig ab. Und dann dieser Genuß für die vom Einpauken ausgedörrte Kehle! Wir knabberten und kauten und schleckten und schmatzten an den von Saft triefenden Rüben. Vom Durst befreit, um den Mund leicht gerötet, schlenderten wir sodann befriedigt dem Dorfe zu.

Singen und Musizieren

Gesang und Musik durchdrangen und belebten in meinem Elternhaus und auch anderswo Alltag und Mühen und erheiterten die festlichen Stunden. Aus Tenne und Stall, Küche und Gang erklangen die altvertrauten Melodien von Heimatliebe und Abschiedsschmerz, Wanderlust und Heldentum. Gerade in den Jahren des ersten Weltkriegs beschwingten Lieder wie "Wohlauf, Kameraden, aufs Pferd, aufs Pferd, ins Feld, in die Freiheit gezogen!" den Ochsenknecht beim Striegeln ebenso wie die Stalldirn beim Melken. Eintönig summte zur Morgenstunde die Zentrifuge beim Entrahmen der Milch, dazu gesellte sich eine helle Mädchenstimme traurig klagend: "Morgenrot, Morgenrot, leuchtest mir zum frühen Tod!"

Am Feierabend saßen die Sangeslustigen in der Stube und Kammer, spielten Zither, Gitarre und Geige oder bliesen Flöte, Klarinette und auch Trompete. Besonders beliebt war die Zither, die die meisten meiner Brüder und auch eine der Schwestern ergreifend zum Tönen brachten. Zur Sommerszeit scharten wir uns um den Gartentisch unterm Essigbirnbaum am Platzl zwischen Hof und Zuhaus und sangen: "In der

Heimat ist es schön" oder "Im schönsten Wiesengrunde" und viele andere Lieder. Und diese Melodien erklangen durch das Dorf, hinaus auf die Felder und Wiesen, hinunter zur Landstraße, wo nicht selten fremde Leute standen und lauschten. Musiziert wurde allein aus Freude an Spiel und Gesang. Anregung fand man in kleinen Gruppen, in Vereinen und Chören. Auch der Vater traf sich einmal in der Woche mit Sangesbrüdern in einer Schneiderei.

Ein Freund unserer Familie war der junge Kooperator Thomas. Stundenlang saßen wir mit ihm in der Stube und sangen und musizierten. Er wußte eine Fülle von Landsknechtsliedern wie: "Und unsre liebe Fraue vom kalten Bronnen, bescher uns armen Landsknecht eine warme Sonne...", oder Schwabengesänge wie: "Hab mein Wage vollgelade, voll mit alten Weibsen...". Wann immer es die Zeit erlaubte, gesellte sich auch mein Vater mit seinem wohlklingenden Tenor zu den Sängern. Eines Sommertags bog Kooperator Thomas wieder einmal um die Ecke. Es war Erntezeit, und wir hatten einen besonders "gnädigen" Nachmittag vor uns. Doch zu unserem großen Erstaunen beurlaubte der Vater eine ganze Gruppe der etwas Kleineren: "Es derfts heit dahoam bleim beim Herrn Kooperator.

Doats nur recht schee singa!" Dann stellte er uns noch einen Steingutkrug voll Most auf den Stubentisch. So im Vorbeigehen lehnte er die Fensterläden an, mag sein der Nachbarn wegen.

Heutzutage kann man sich kaum vorstellen, wie oft und gern bei der Arbeit, beim Wandern und sonst in der Freizeit gesungen wurde, und daß man einzig und allein aus Freude am Instrument musizierte. Es war dies der Nährboden, auf dem dann der Kiem Pauli und Prof. Dr. Kurt Huber durch unermüdliches Sammeln des Volksliedgutes, vor allem der Mundartlieder, ihre Ernte einbringen konnten.

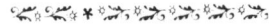

Das kleine Hüterdirndl

"Mäh, mäh, mäh!" drang es bettelnd und fordernd aus unserem Schafstall. Und wieder, wie so oft, traf mich, die Jüngste mit kaum 6 Jahren, das Schafhüten. Ich ließ Luchs, den Hund, von der Kette, packte meinen Haselstecken oder eine Peitsche und öffnete die Verriegelung zum Stall. "Mäh, mäh, mäh!" schob und drängte mich eine ungezügelte Herde von etwa 60 Schafen. Da hatte ich zu tun, die Richtung zu weisen. Nicht selten trampelten mir die harten Hufe auf die bloßen Füße. Ich lief voraus, der Hund trieb nach einem gekonnten Drill die hungrige Herde in geordnete Bahnen. Beim geringsten Abweichen von der Dorfstraße auf saftige Anger oder gar auf ein Kleefeld, sauste er hinter den "schwarzen" Schafen her und verkündete lautstark, wer das Sagen hatte.

So führte ich denn den drängenden Knäuel vom Dorfkern hinab in Richtung "Mühle", wie der Betrieb noch immer genannt wurde, obwohl sich dort seit Generationen ein Sägewerk die bescheidene Wasserkraft der Sur zunutze machte. Beim Überqueren des Baches über eine schmale Brücke gab es stets ein unliebsames Stoßen. Hier war es auch, daß einmal einer der gefürchteten Widder den Kopf hob, mich deutlich ins Visier nahm, kurz nach rückwärts lief und dann vorwärts rannte und mich mit kräftigen Stößen zu Boden stieß. Dies war nicht das einzige Mal, daß ein Widder meine Hilflosigkeit ausnutzte. Jenseits der Sur ließ ich dann der Herde freien Lauf; denn da lagen unsere Weideflächen, die 3 sauren Wiesen, zur Rechten begrenzt vom mäanderartig sich windenden Bach, zur Linken von steil aufsteigendem Gelände, dicht bewachsen mit Mischwald und Buschwerk. "Wenn ich doch nur einmal hier hüten dürfte, auf der ersten sauren Wiese!" dachte ich kummervoll. "Da wäre ich im Schutze des Lärmens der kreischenden Sägen und hätte ich die Hoffnung, daß ein anderes kleines Mädchen, die Mathild´ vom Obersäger, ihre 3 Geißen jenseits des Wassers grasen ließ." Doch ich mußte immer weiterziehen. Zunächst ging es durch die schlauchartige zweite saure Wiese. Über einen gefährlich schmalen Hals, eine steile Sandreuse, verhältnismäßig tiefes Wasser zur Rechten, führte der Pfad schließlich zur dritten sauren Wiese. Klopfenden Herzens verfolgte ich den Zug der Herde und trippelte ängstlich über diese abschüssige Stelle. Nun waren wir zwar am Ziel, doch ich hatte stets das Gefühl, einer gefährlichen, völligen Verlassenheit ausgeliefert zu sein. Hier mußte ich also bleiben, Stunde um Stunde, bis die Sonne lange Schatten warf. Ich hatte ein Lieblingsplätzchen am Ufer des Baches im Schatten eines Holzapfelbaumes. Seltsamerweise bot mir dieses Blätterdach mit den kleinen, herben Früchten eine Art heimeliges Gefühl. Hier setzte ich mich ins Gras und schaute und lauschte. Mein treuer Begleiter paßte auf die Herde auf. Ab und zu setzte er sich an meine Seite, wenn die Schafe in der Nähe friedlich grasten. Mit Luchsaugen verfolgte er die weidenden Tiere und schoß wie ein Pfeil gegen Ausreißer los. Doch als Wachhund für mich war der Luchs gänzlich untauglich. So blieb ich selbst stets auf der Lauer. Ab und zu stieg ich ein wenig im kurzen Gras umher und freute mich an der Vielfalt und Schönheit der alpinen Blumen und Kräuter. Zuweilen, wenn sich wieder die Angst in mein Kinderherz schlich, rief ich mit hellem Ton hinein in den dichten Fichtenbestand, um mir am Echo meiner eigenen Stimme Mut zu machen.

Einmal beobachtete ich, wie mitten auf der Weide ein Lämmchen zur Welt kam. Das Mutterschaf blieb dabei stehen, ließ das Neugeborene ins Gras fallen und schleckte es sorgfältig ab. In wenigen Augenblicken stand das Kleine auf, ein bißchen wackelig noch, meckerte mit zartem Stimmchen und holte sich einen Schluck Milch. Dann lief es wie selbstverständlich hinter der Mutter einher. Dieses Erlebnis beeindruckte mich sehr.

Wenn dann die Schatten länger und länger wurden, wagte ich es, aufzubrechen. Mit "Soiz, Soiz, Soiz!" lockte ich die Herde auf den Heimweg, und der Schäferhund trieb sie von hinten her zusammen. Sobald ich mich dem Dorf näherte, hörte ich von hier und dort den vertrauten Denglschlag, und bald drang aus unserer Küche der einladende Duft nach Dampfnudeln.

Beim Dampfdreschen

"Heit kimmt der Dampf!" Bei dieser Botschaft klopften die Herzen aller Dorfkinder fast wie beim Warten aufs Christkind. Und wenn sie dann mit Donner und Getöse die Tenne hereinschepperte, die breitschultrige Dreschmaschine, gezogen von 2 Paar Rössern oder Ochsen und das schwarze Ungetüm der Dampfmaschine mit wuchtigen Eisenrädern durch die sandige Dorfstraße daherknirschte, dann packte uns ein Hochgefühl, das nur in einer Kinderseele Platz greifen kann. Der Dampf is da! Jetzt gehört er uns, nur uns, zwei Nächte und eineinhalb Tage. Und die vielen Leute, die kommen werden aus der Nachbarschaft! Und das gute Essen! Aus der Küche duftete es wie vor Kirchweih. Mit einem seligen Vorgefühl umfing uns schließlich der Schlaf.

Ein schriller Pfiff aus der Dampfmaschine schreckt mich um dreiviertel sechs Uhr in der Früh aus den Träumen. Durch den stockfinsteren Morgen blitzen Laternen auf. Burschen und Mädchen lachen und stolpern zur Haustür herein. Gschwind nei ins Gwand, waschn und kampln und ume in d' Stubn. Ich drücke mich gschamig und neugierig ins Dämmerlicht auf der Ofenbank. Um zwei große Tische reihen sich Männer und Frauen getrennt. In die großen Porzellanschüsseln in der Mitte mit aufgeschmalzener Brotsuppe greifen je zwölf bis fünfzehn Blechlöffel in rascher Folge. Von Tisch zu Tisch wird geschäkert und gelacht. Geschäftig tragen meine größeren Schwestern die Schüsseln in die Küche und stellen je eine eiserne Tischgaoß auf die grobleinene Tischdecke. Und wieder wird die Küchentür aufgestoßen und die Köchin tischt Riesenpfannen mit dampfendem, duftendem Schmarrn auf. Nun verstummt das lustige Geplauder; denn jetzt muß man Schritt halten können beim Löffeln. "A ganz a feis Muas host kocht!" kommt dann ein Beifall vom Tisch der Weiberleut. Und die Liesl quittiert das verdiente Lob mit einem breiten Lächeln und tiefem Erröten. Zum Schluß gibt's noch einen bauchigen Weidling voll frisch gerührter Buttermilch. Die "Suppn" ist beendet, der Vater bekreuzigt sich laut dreimal, alle anderen folgen stumm und eilen holpernd hinaus. Ich lasse mir nichts entgehen und laufe mit. Ein schriller Pfiff aus dem dampfenden Koloß und das Dreschen beginnt. Droben auf dem Heuboden schmeißen kräftige Burschen mit Eisengabeln Garbe um Garbe vom Kornstock, andere tragen sie hastig weiter bis vor zum Dreschwagen. Dort lösen zwei Dirndln geschickt die Hölzchen von den Garben und reichen diese hinab zur Dreschmaschine.

Eine weitere Dirn packt die Büschl und arbeitet sie dem Maschinisten zu, der die Maschine "füttert". Mit ohrenbetäubendem Lärm zerkaut diese das "Futter" und speit es augenblicklich wieder aus. Wie aus einer Quelle rieselt das Korn in einen seitlich befestigten Sack, der alsbald gefüllt, von einem weiteren ersetzt, geschultert und in Richtung Zuhaus zum Troadboden befördert wird. Die Spreu wirbelt in Körbe und wird von zwei Stalldirnen abwechselnd zu einem entfernteren Tennenplatz weiterbefördert. Krachend und polternd schüttelt die Dreschmaschine das gebeutelte Stroh aus dem Schlund. Mit Geschick und Kraft bündeln gestandene Männer große, provisorische Schaab davon, andere gabeln sie weiter nach hinten, dann durchs Tennenloch bei der Treppe zum Heuboden, bis das Stroh wieder an der Ausgangsstelle landet. Zwei Frauen türmen dort die Garben zu einem neuen Strohstock auf. Bei Bedarf holt man diesen Vorrat als Streu und zum Futterschneiden wieder hervor. So emsig wie die Leute bei der Arbeit bin ich beim Schauen. Das Surren und Lärmen erscheint mir wie eine brausende Musik. Die Buben stehen die meiste Zeit neben dem rauchenden Dampfungetüm. Sie recken ihre Hälse, wenn ein Maschinist die Eisentüre öffnet und Scheiter um Scheiter in den feurigen Rachen schmeißt. Mit staunenden Augen verfolgen sie die wuchtigen Stöße des blitzenden Gestänges, prüfen die glänzenden Uhren, Schrauben und Hebel und hängen immer wieder mit sehnsüchtig-schalkhaftem Blick auf dem Pfeiferl, das sich kerzengerade nach oben reckt. Nur ein einziges Ruckerl wenn sie an dem Hahn tun dürften! Doch da erscheint mit einem Male der große, schwarze Mann, schiebt die Büberl zur Seite, greift nach oben, legt den Hahn um und pfeift. So schrill ist der Strahl, daß er wie ein einladendes Signal bis hinauf zum Troadboden und zum Heuboden dringt: "Zum Neuner, zur Brotzeit!" Die trockenen Kehlen schlucken im Vorgefühl des Durstlöschens ein paarmal kräftig, aus Joppen und Schürzen, Kopftuch und Hüten fliegt der Staub der Drescher, aus Pantoffeln und Holzschuhen klopft man lästige Körner und Spreu, und am Trog und Leierbrunnen werden Gesicht und Hände notdürftig gesäubert. Drinnen in der Stube duften in Schüsseln und Tellern Rauchfleisch und Bauernbrot, Rettich und Kren. Doch der erste Griff gilt den wuchtigen Steingutkrügen, überquellend gefüllt mit schaumgekröntem, würzigem Wienninger Bier. Wieder und wieder steigt der Vater in die Tiefe des Kellers zu den Holzfässern und kehrt mit frischem Gebräu zurück, verräterische Schaumreste im aufgezwirbelten Bart. Noch eh es gar zu gemütlich wird beim Schmatzen und Schlürfen, erhebt sich der stämmige Maschinist, schreitet zur

Dampfmaschine und kommandiert mit einem schrillen Pfiff die Drescher auf ihre Arbeitsplätze.

Flinke Mädchenhände räumen Reste und Krüge beiseite, schrubben die Tische, fegen und kehren. Hier klappert das Knödelbrotschneidmesser pausenlos, dort poltert der Schürhaken und klappern die Herdringe. Es dampft das Sauerkraut, und es duftet nach Suppenfleisch. "Hanni, hol a paar Arm voi Knittl und a Zistl voi Knist!" Kaum will ich mich dann wieder ins Freie stehlen, stellt eine der Schwestern eine riesige Schüssel voll heißer Kartoffeln auf die Anrichte und hält mir ein Messer vors Gesicht: "Do, de schälst und speitlst iatz, aber ganz fei! Und wasch da fei d'Händ!" Mittlerweile tanzen am Herd in drei großen Tiegeln Speckknödel und Wurstknödel um die Wette. "De Knödl derfan bein Dreschn goa nia ned ausgeh!" bemerkt die Nanni. Die Tische werden feinsauber gedeckt und rote, blecherne Wasserkrüge daraufgestellt. Der Stundenzeiger auf dem Regulator über dem Kanapee rückt auf 11 Uhr. Im selben Augenblick pfeift der Dampf, und das Brausen aus der Tenne verstummt. Voll Kohldampf und Übermut drängen die Drescher in die Stube. Ein paar Löffel Rübenkraut holt sich jeder aus einer gemeinsamen Blechschüssel. Doch für das Hauptgericht, Fleisch mit Kartoffelsalat und Knödl, stehen schmucke, bemalte Teller bereit. "Na, so lockane Wurschtknödel!" bemerkt man am Tisch der Dirndl. Die Burschen essen und kichern und kichern und essen. Längst schon verdrücken sie Knödl um Knödl nicht mehr aus Hunger, sondern, wie es nun mal der Brauch ist, um die Köchin arm zu essen. Doch die ist gerüstet. Jedesmal, wenn sie in Richtung Küche rufen: "Liesl, host denn gor koane Knödl nimmer?", kommt sie lachend mit einer neuen Schüssel voll herein. Für die Buttermilch als Abschluß ist freilich fast kein Platz mehr in den vollgestopften Burschenmägen. Ein Kreuzzeichen über Stirn, Mund und Brust, und alle stehen auf. Zum Ausrasten ist keine Zeit. Die Kinder essen nur flüchtig in der Küche; denn es drängt uns wieder hinaus. Ich laufe die zwei Treppen im Zuhaus hinauf und schaue mich nach dem Getreide um. Staunend sehe ich große Flächen bedeckt mit Korn und Weizen, mit Brettern voneinander abgetrennt. Es ist ein taugiges Gefühl, in den fetten Weizenkörnern ein wenig mit der Hand zu wühlen.

Im Heuboden hantiert man nun mit Holzgabeln, um den flockigen Hafer, der, wie auch die Gerste, nicht gebunden ist, zur Dreschmaschine zu befördern. Ein Mäuschen, plötzlich ohne Unterschlupf, versucht, durch das Tennentor ins Freie zu schwänzeln. Doch da lauert schon eine unserer Katzen, packt das Tierchen, schmeißt es hoch, tänzelt und spielt. Eine ganze Weile dauert das grausame Spiel, bis es Mieze gewaltsam beendet.

Ein verführerischer Duft schwebt aus der Küche, es riecht nach Krapfen. Ein paar Burschen laufen mit Reisigbesen daher und kehren das Küchenfenster damit ab. Die Köchin versteht die Anspielung und reicht ihnen "zum Dank" Krapfen hinaus. Ich bekomme richtigen Heißhunger und laufe um eine ausgezogene Nudel in die Küche. Noch heiß aus der Schmalzpfanne mit einem weißen Kranz, so schmeckt sie besonders gut. "Do, setz de hea und mahl ma glei den Bohnakaffee!" Ich klemme die Kaffeemühle zwischen die Oberschenkel, drehe den Hebel, und knirschend zermahlen die scharfen Rädchen die frisch gerösteten Bohnenkerne. In einer breiten Messingpfanne mit langem Stiel, eingesenkt zwischen den Herdringen, fängt schon das Kaffeewasser zu sprudeln an. Bald riecht es nach Andreas Hofer Feigenkaffee. Einen Brocken Zichorie aus dem roten, runden Packl dran, vom Feuer genommen und das Kaffeepulver dazu erzeugt erst den von den Frauen so sehr geschätzten Duft. Pünktlich um 3 Uhr erscheinen die Drescher zum "Untern" ,   löffeln einmütig das duftende Gebräu und essen genießerisch ausgezogene Krapfen dazu. "Enkane Kropfa han owa narresch guat! Ja, und no dazua der Bohnakaffee!" loben die Dirndln.

Noch drei Stunden muß hart geschuftet werden, dann ertönt der Pfiff zum Feierabend. Jetzt reinigt man sich gründlich mit warmem Wasser in Holzschafferln und Kernseife. Zum Abendessen tischt man wie üblich Sauerkraut, Lüngerl, Schmalzgebackenes und Buttermilch auf. Die Stimmung ist heiter, die harte Arbeit vergessen, man schäkert und lacht schallend und wirft kecke Worte von Tisch zu Tisch. Sobald aber einer schreit: "Buam, auf gehts, doa ma Stookschlong!" heißt es für uns Kinder: "Marsch mit enk ins Bett!", denn bei den derben Spielen der "Drischleg" dürfen wir nie dabeisein. Ich bin ja auch froh darüber; denn da geht es mir viel zu laut und lärmend zu. Meine Brüder haben mir schon genug von solcher Gaudi erzählt: Vom Hanifradln, Boahakln, Impstehln, Romroasn, Broteischiaßn, Zahnziahng, der Hobergoaß und vielem anderen.

Und während drunten in der Stube gelärmt und gelacht wird, liege ich in einem seligen Glücksgefühl im Bett. Im Halbschlaf höre ich noch das ohrenbetäubende Summen der Dreschmaschine und den schrillen Pfiff des Dampfes.

Krauteinhobeln

In meiner Kindheit kam bei jedem Bauern Sauerkraut täglich zweimal, also mittags und abends, auf den Tisch. Und diese Gepflogenheit war schon jahrhundertealt. In der mittelalterlichen Literatur kann man das bestätigt sehen, und Hans Sachs schrieb im Jahre 1560: "Bayerland hat die freyheit, ißt kraut mit löffeln alle zeit, all tag zwei kraut, mach ein jahr fleißig sibenhundert kraut, dazu dreißig."

Um den Bedarf einer Großfamilie für ein ganzes Jahr zu decken, brauchten wir einen beachtlich großen Krautacker. Er lag bei uns nicht weit vom Hof entfernt, da an dieser Stelle noch einige andere Gemüse- und Salatsorten angebaut wurden und bequem erreichbar sein sollten. Im Sommer, wenn sich die Krautpflanzen zu gefälligen Köpfchen rundeten, kam mit einem Male Leben auf den Acker. Elfenhaft zarte Kohlweißlinge tänzelten zu Hunderten über das Feld. Für mich war dies ein lieblicher Anblick, der Bauer aber hatte mit den Schmetterlingen im duftig weißen Gewand seine liebe Not. Denn sie hatten es mit ihrer Brut auf die zarten Kohlblätter abgesehen. Man mußte sich tummeln, die grauen Eier zu beseitigen; denn sonst entwickelten sich daraus in Bälde die unersättlichen, schwarzgefleckten, grünen Raupen. Im Spätsommer mußten wir also diesen gefräßigen Schädlingen auf den Leib rücken. Mit Haferln und Eimern voll Wasser zogen wir los, groß und klein, um die Raupen zu ertränken. Wer dies übersah, hätte in Kürze statt der fetten Krautköpfe nur noch Skelette von Blattadern und blasse Spitzenvorhänge auf seinem Acker vorgefunden.

Im Spätherbst, wenn Getreide und Grummet längst eingebracht waren, holte man auf einem Bruckenwagen die Krauternte heim. Drinnen im Hausgang wurden Tische und Bänke beseitigt, der gefliese Boden wurde mit Aschenlauge und Wurzelbürste geschrubbt und gescheuert und der große Krautgrander, der rückwärts in den Boden eingemauert war, feinsäuberlich gereinigt. Sodann reichten fleißige Hände Kopf um Kopf zur Haustür herein, bis sich ein stattlicher Berg auftürmte. Der Vater stand am Krautschneider und zerschnipselte mit dem scharfen, langen Messer Stück um Stück. Für den kleinen Steffi war das ein wichtiger Tag; denn er sollte, das heißt durfte, das Kraut treten. Er saß auf der Hausbank, die Füßchen lange in einem Schafferl mit warmem Wasser. Die Nanni schrubbte sodann Sohle, Zehen und Knie, bis sie krebsrot wurden, rieb mit einem Handtuch kräftig nach und trug dann den Buben zum Trog. Sogleich verschwand der kleine

Bub in der Tiefe des Granders. Schafferl um Schafferl voll Geschnipseltes schütteten die Dirndln hinunter und salzten tüchtig darauf. Und der Steffi trampelte lachend umher, bis er schließlich auf einem Berg von Kraut stand. Erst als er herausgehüpft war, wurde ihm bewußt: "Des beißt aber ganz schee!" Schnell wieder ein Fußbad, und die Sache war überstanden. Die Brüder legten saubere Bretter auf das Eingestampfte und beschwerten es mit großen Steinen. Zum Schluß schlossen sie den Grander mit den Brettern der Krautbruckn ab. In etwa 4 Wochen konnte dann wieder frisches Sauerkraut auf den Tisch kommen. Bis dahin genossen wir das schon früher eingehobelte, besonders schmackhafte Kraut von der beliebten Wasserrübe mit dem lilablauen Hauch.

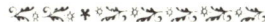

Kirchweih, das war ein Fest!

Es ist Kirchweihsamstag. Endlich reckt sich drüben am Teisendorfer Kirchturm auch der Minutenzeiger kerzengrad in die Höh, die alte Uhr gibt ratternd 12 laute Schläge von sich, und brausend rufen die schweren Kirchenglocken über den Marktflecken und weit hinaus in die stillen Dörfer und die stolzen Einöden die Kunde: "Kirchweih, Kirchweih!" Gleichzeitig schiebt der Mesner Robl die weiß-gelbe Kirchweihfahne durch das Turmloch, und das frische Oktoberlüfterl umstreicht den "Zachäus" mit einem kraftvollen Willkommengruß.

Wir kleinen Schulmädchen wetzen erwartungsfroh in den alten Schulbänken und müssen nur noch die mündliche Benotung der verflossenen Woche abwarten. Nun trifft es mich: "Fleiß 1, wie immer, Betragen 1, weil Kirchweih ist!" Ein seliges Gefühl durchzuckt mich. "Betragen 1, weil Kirchweih ist!" Voll Dankbarkeit spähe ich noch hinüber zur Fahne und hätte sie am liebsten zärtlich gestreichelt. Die Schule ist aus. Ich packe meinen Kalier und fange an zu laufen: Durch den alten Torbogen, übers Kopfsteinpflaster der Marktstraße hinunter zum Karlsbach, dann hinauf zum Zechmeisterhäusl und weiter durch den langen

Wald in Richtung Punschern. Wie würden sich meine Geschwister freuen! Endlich erreiche ich das Dorf. Aus allen Höfen umschmeicheln verheißungsvolle Duftwolken meine Nase. Das Heubodentor ist weit geöffnet. Mein Blick streift mit einem neuen Glücksgefühl die Kirchweihschutz. Doch ich laufe durch die Unterführung und treffe sogleich meine größeren Schwestern, die in der Wagenhütte Kartoffeln "ausklauben". Schier außer Atem verkündige ich über die Kartoffelberge und Kisten hinweg: "I hob desmoi im Betragn an Oanser kriagt!" "So!" war die spärliche Antwort. "Wei Kirchweih is, hots gsogt", wollte ich der Botschaft noch mehr Nachdruck verleihen. "Ja mei, do bist ja doch net braver gwen wia sinst!" schmetterte das vernichtende Urteil zurück.

Tief getroffen verzog ich mich ins Haus. Es dauerte gar nicht lange, bis sich erneut Kirchweihfreude, wenn auch anderer Art, in mein Kinderherz schlich. Mit jedem Brocken Kesselfleisch vom Schlachttag her und jedem Bissen ausgezogener Krapfen, noch heiß aus der Pfanne, schluckte ich den Schmerz weiter und weiter hinunter. In Vorahnung gar seltener Genüsse schnupperte ich in Keller und Speisekammer herum und staunte nicht wenig über die Fülle von Würsten, Pressack und Fleisch und das Schmalzgebackene, auf langen Brettern aufgereiht oder in Steinguttöpfen aufgeschichtet. Da gab es die Krapfen mit Weinberln, die Ausgezogenen mit dem feinen, weißen Rändchen, die Hasenöhrl, die Apfelkücherl, flaumige Eierkrapfen und schließlich die Zwetschgenbavesl, den Hochgenuß aller Kirchweihschmankerl. Auf einem Regal lag das nach Anis duftende Kirchweihbrot. Aus der Küche drang eine anzügliche Duftmischung aus Schmalzgebackenem mit Knoblauch und Majoran. Da schwammen in einer weiten Stielmessingpfanne Leberknödel um Leberknödel, die sich im brodelnden Butterschmalz kupferbraun umkrusteten. "Machst ned glei de Tür zua!" herrschte mich die Köchin mit hochrot erhitztem Gesicht an. Da verdrückte ich mich lieber.

Haus und Hof blitzten vor Sauberkeit; denn meine Schwestern waren seit Tagen schon mit Schrubber und Wurzelbürste, Hadern und Zinnkraut geschäftig unterwegs. Die Fenster der Stallungen spiegelten nicht minder als die von Stube und Küche. Kupferkessel und Messingtöpfe funkelten an Küchenbrettern und Schüsselkörben in Rot und Gold. Die Betten dufteten nach würziger Herbstluft, und die Strohsäcke bauschten sich mit frischem Weizenstroh. Die Brüder hatten Ochsen- und Kuhstall säuberlich geweißelt und Tennen- und Heuboden gründlich gekehrt. Nun fegten sie noch gewissenhaft um Haus und Hof bis hinter zum Misthaufen; denn auf Kirchweih mußte man hinter jeder Spinnwebe herstöbern.

Längst hatte ich wieder mein Gleichgewicht gefunden. Ich schlenderte noch durch den Obstgarten, schüttelte eine Schürzentasche voll zuckersüße Zwetschgen von den blätterlosen Bäumen und lief zu meinen Schwestern, die auf dem Leher die Kühe hüteten.

Auf d´Nacht probierten wir alle noch die Kirchweihschutz aus. Zwischen hoch aufgeschichteten Heustöcken hing sie von der Mitterbretten an langen Ketten herunter. Ein festes Brett darauf und eine Leiter darüber befestigt war das ganze Kunstwerk. Zwei der Brüder standen an den Ketten zum Antauchen. Mit überraschender Freundlichkeit luden sie uns ein: "Mir dauchan gor ned fest oo!" Aber kaum saßen wir zwischen den Leitersprossen, ging es hinauf in eine schwindelerregende Höhe. Dieses prickelnde Erlebnis gehörte nun einmal zu einer richtigen Kirchweihschutz.

Am Sonntag in der Kirche wurde der Allerweltskirchtag, der seit 1868 all die Weihen der Gotteshäuser auf den 3. Sonntag im Oktober zusammenlegte, mit einem Aufgebot an Instrumenten und Stimmen gefeiert, wie sonst kein Festtag im ganzen Jahr. Und doch konnten wir im Ausblick auf die zu erwartenden Gaumengenüsse kaum das Ende der Feierlichkeiten abwarten.

Beim Mittagsmahl, zu dem auch noch einige Verwandte geladen waren, wurde aufgetischt, was

an Gesottenem und Gedünstetem, Gebratenem und Gebackenem, dem unverwöhnten bäuerlichen Gaumen besonders zusprach. Das Essen war so üppig und reichhaltig, daß man sich nicht einmal, wie sonst üblich, beeilen mußte, um etwas zu erwischen. Und jedesmal schlich sich nach dem Mittagessen ein Gefühl der Unzufriedenheit darüber ein, daß ich schon nach ganz kurzer Zeit übersatt war und manche Speise nicht einmal probieren konnte. Und nun war die Gelegenheit wieder für ein ganzes Jahr vorüber. Beim Schutzen auf dem Heuboden war den ganzen Nachmittag Hochbetrieb. Schwindelig konnte man aber auch bei unserem Dorfschmied werden. Der ließ einen alten Prater auf Kirchweih mit solch rasanter Geschwindigkeit kreisen, daß die Zöpfe nur so flogen, und selbst die Buben käsweiß aus den eisernen Sitzen schlüpften.

Der Kirchweihmarkt in Teisendorf, der 4 Tage dauerte, berührte uns kaum. Freilich, mit dem Kettenkarussell wäre ich schon recht gern einmal geflogen, bis sich alles hoch oben fast waagerecht im Kreis drehte. Auch vor dem "Ihaha-Stand" drückte ich mich manchmal begehrlich herum; denn der Duft der dampfenden, rotbraunen Roßwürste und der saftigen Komonadl umschmeichelte verführerisch Nase und Mund. Einmal wickelte unser Knecht, der Jackl, so ein dunkelbraunes Fleischpflanzl aus einem Sacktüchl und ließ mich ein Stückchen kosten. Ich glaube, Neugierde, Gelüste und Ekel hielten sich da bei der Kostprobe die Waage.

Am Kirchweihmontag war früher Bauernfeiertag. Wir Schulkinder hatten entweder ganz frei, oder wir durften einen Ausflug unternehmen. Besonders gern kamen einige Klassen zu uns zum Schutzen. Mein Vater hatte nichts dagegen, vielmehr schien er ein wenig stolz darauf zu sein, daß unsere Schaukel so begehrt war. Die Belustigungen in der Tenne, auf dem Marktplatz und am Tanzboden währten stets bis zum Dienstag.

Wie sehr in meiner Heimat Kirchweih in früheren Zeiten fast alle weltlichen Belustigungen an sich zog, erhellt daraus, daß die frommen Teisendorfer an Fasching ewige Anbetung hielten und die Faschingsgaudi lieber auf Kirchweih verlegten. Da darf es nicht wunder nehmen, daß das doch recht urwüchsige Volk nach einem Jahr unvorstellbar mühevoller bäuerlicher Arbeit an Festesfreuden all das aufbrachte und genoß, was an Übermut und Schelmerei in ihren Köpfen spukte. So wird überliefert, daß die Teisendorfer alljährlich am Kirchweihmontag zur größten Gaudi eine Bettelhochzeit feierten. Der Hochzeitslader verkündete in den Dörfern schon Wochen zuvor: "Heit kimi min Hanswurschtn zon Hochzeitslon. Wer ins gschickt hot, des kinnts leicht derron!"

Und alle Geladenen wußten, was sie da erwartete: Eine Gaudihochzeit auf dem Misthaufen, Wasser statt Bier und öffentliches Derblecktwerden. Musikalisch bot man ein Sensenschleifen auf, das sich vom Meisinger Wirt am Oberen Markt die ganze Straße hinunter am Friedhof vorbei bis zum Austermaier Wirt in Karlsbach drunten in ohrenbetäubender Lautstärke hinzog. Und die Toten droben im Friedhof mögen sich in wehmütiger Stimmung an die unvergeßlichen Kirchtagsfreuden ihrer Erdentage erinnert haben!

Jung zu sein und schön war auch von den Alten schon begehrt. Drum stellte man das Kunstwerk der Verjüngung mit Hilfe einer Altweibermühle als Krönung der Hochzeitsgaudi noch anschließend zur Schau.

Gelärmt, getanzt und getrunken weit über den Durst wurde bis in die Nacht, bis meist das reizvolle Kräftemessen in einer Rauferei den unmäßigen Kirchweihfreuden ein derbes Ende setzte.

Eine schaurige Hundsleich

Unser Hofhund, der Luchs, ist tot. Da liegt er nun in einem kleinen Leiterwagen auf weichem Gras, emsig umsorgt von den Dorfkindern. Er soll eine gebührend schöne "Leich" bekommen. Zwei meiner Schwestern umkränzen den Leiterwagen mit goldgelbem Weinlaub von unserer üppigen Weinstaude und winden die Rebengirlanden gar vor bis zum Deichselgriff. Und schon formiert sich der Zug, voran ein Fahnenträger, einen blaßbraunen Rupfen über einen Heurechen gestulpt. Dann folgt der Kreuzelträger mit einem verwitterten, einfachen Holzkreuz, das spinnwebenverhangen unter altem Gerümpel aufgegabelt wurde. Vier Buben ziehen und flankieren den Wagen, die anderen folgen, einer hinter dem anderen, danach die Mädchen, damit der Leichenzug möglichst lang und eindrucksvoll erscheint. Auch das Vaterunser zieht sich würdevoll hin, da die Buben vorbeten und die zarten Stimmen folgen. Über die umgepflügten Äcker schleichen die Herbstnebel, und schwarze Krähen hocken gleich Trauergästen in den Furchen und Gräben. Schon beim ersten Feldkreuz macht der Zug kehrt. Es ist spät geworden, und die rasch einfallende Dämmerung wob über das Ganze einen Schleier von Unheimlichkeit und Trauer. Die größeren Buben haben im Obstanger ein Grab geschaufelt. Dorthin führt nun der Leichenzug. Nebelschwaden geistern um Baumstämme und Leierbrunnen, und aus der Grube grinst gespenstisches Dunkel. Der Kinderknäuel steht in unruhiger Spannung. Da packen die Buben den Leiterwagen und lassen den Körper in das Dunkel hinabgleiten. Schaufeln knirschen im sandigen Boden, und bald türmt sich ein kleiner Grabhügel auf. Vergessen liegen Dahliensträußchen und Herbstasternkränzchen unterm Birnbaum als letzter, lieber Gruß an Luchs. Alle rennen nachhause und suchen Behaglichkeit in den Stuben. Wir Kleinen haben kaum in der "Höll", der Nische neben dem Kachelofen, Zuflucht gefunden, da schreckt uns ein heftiges Klopfen ans Stubenfenster auf. Mäuschenstill ducken wir uns zusammen. Der Vater tritt vors Haus, und wir laufen zaghaft hinterher. Das steht ein Weib, in dreckige Kleidungsfetzen gehüllt, lauernd gebückt und kreischt: "Wo is enka Hund, ha?" Es war die Dehlin, eine Irre, die in einem ärmlichen Anwesen mit einer Kuh unweit an der Landstraße haust. "Gebts ma enkan Hund, sog i, wo is er denn, ha?" bettelt und fordert sie zugleich. Und der Vater gibt nach. "De datn jo mittn in der Nacht no hoin!" Das Weib packt eine Schaufel und schmeißt das Erdreich wild zur Seite. Dann wirft sie sich auf den Hügel und gräbt sich mit beiden Händen mit tierischen Gebärden tiefer und tiefer hinab. Plötzlich kreischt sie auf, reißt mit Urgewalt am Hundefuß, schmeißt den steifen Kadaver auf die Schultern, brummt vor sich hin und verschwindet in Nacht und Nebel.

Der Weg vom Flachs zum Leinen

Noch in meiner Kindheit war der Flachsanbau zum Eigenbedarf allgemein verbreitet. Der Bauer erarbeitete sich fast alles, was er für Haus und Hof und Familie benötigte selbst, so vor allem auch das schier unzerreißbare Leinen. In Stube und Kammer fand es Verwendung, das selbstgesponnene Tuch, grob, mittel oder fein. In ehrwürdigen Kästen und Truhen wurden sie verwahrt, die schmuckverzierten Ballen von Leinen und Rupfen. Wieviel von dem groben Gewebe brauchte man allein schon für die beträchtliche Anzahl von Strohsäcken zum Schlafen. Aus grobem Rupfen waren die Tücher, in die der Vater bei der Aussaat von Roggen und Weizen, Hafer und Gerste, Flachs und Hanf griff. Rupfene Säcke lagen gestapelt auf dem Getreideboden, mit Rupfenflecken verstärkte man die Innenflächen der selbstgestrickten Schafwollhändlinge für die Holzarbeit. Die mittelfeinen Ballen, die harwanen, entrollten meine Schwestern für Tischdecken und Deckchen, Bettücher und Handtücher. Von besonders feinem Gewebe schneiderte man Vorhänge und Hemden, mit langem Arm für die Männer, mit kurzem für die Mädchen und Frauen.

Das Säen, Ernten und Hiefeln

Unvorstellbar mühsam war der Weg vom Leinsamen bis zum Leinen, eine Arbeit, die sich durchs ganze

Jahr hinzog. Gesät wurde im Frühjahr. Ich selbst habe als Kind diese Vorgänge mit großem Interesse beobachtet. Mit besonderer Liebe strich ich zur Sommerszeit an den lichtblau blühenden Flachsfeldern entlang.

Waren die Samen in den winzigen Kapseln gereift, dann gings ans Ernten, ans Ausreißen mit der Wurzel, ans "Huifanga". Stengel und Früchte waren noch grün und wurden gleich am Feld zum Ausreifen und Trocknen "gehiefelt". Nach einigen Wochen holte man den Flachs mitsamt den Holzstangen heim, damit ja nicht durch ein Loslösen auf dem Feld der Samen aus den Kapseln fallen konnte.

Riffeln, Dreschen und Rötzen

Zu gegebener Zeit riß man dann mit Hilfe von groben, kräftigen Eisenkämmen die Samenkapseln von den Stengeln. Diese Arbeit nannte man "Riffeln". Sodann hörte man vom Heuboden her das taktgebundene Drischeldreschen, das Herausschlagen der Leinsamenkerne. Mit größeren Sieben wurde danach der winzige braune Samen von der Spreu getrennt. Dazu diente auch die Windmühle. Den Leinsamen brauchte man zur Aufzucht der Kälber und als Saatgut. Und wieder ging es mit dem Flachs hinaus auf eine Wiese, um die Flachsstengel in lockeren Reihen auszulegen. Im Wechselspiel zwischen Sonne und Tau sollten die holzige Rinde und der harte Kern "gerötzt", das heißt brüchig werden.

Nach einigen Wochen schepperte der Wagen mit Bündeln von Flachs wieder hofwärts. War das Brechelbad, das im Besitz der Dorfgemeinschaft stand, gerade frei, dann mochte es sein, daß der Vater das Ochsengespann von der Wiese aus direkt dorthin lenkte. Dieses uralte Gemäuer barg hinter einem überdachten Vorraum zum Brecheln zwei niedrige Kammern zum Aufschichten der Flachsstengel. Darunter fachte man am Abend vorher in tiefen, backofenförmigen Schlünden ein kräftiges Holzfeuer an. Lebhaft ist in meiner Erinnerung mein erstes Brechelerlebnis geblieben.

Beim Brecheln

Eine milde Oktobernacht umhüllt mit flaumigem Nebel das heimatliche Dorf. "Ned eischlafa!" sag ich mir immer wieder vor. Denn ich möchte unbedingt dabei sein, wenn die Großen zwischen Nacht und Frühe sich zum Brecheln aufmachen. Der aufregende Gedanke,

daß der Vater allein im Brechelbad schläft, um das Feuer zu bewachen, hilft mir ein wenig, die Sinne wachzuhalten. Aber schließlich zieht mich doch ein milder Schlummer in seinen Bann. Plötzlich reißt mich ein Poltern und Trampeln in Kammer und Stube empor. Traumtorkelnd taste ich nach Kleidchen und Schürze und schleiche mich hinaus. Ein weiter Wollschal dicht um meinen kindlichen Körper geschlungen, gibt mir notdürftigen Schutz vor der Frische der Frühe. Wohl ein Dutzend dunkle Gestalten schreiten durch die Dichte der Nebel, müdflackernde Stallaternen in den Händen. "Jo Hanni, jo was duast denn du heit scho?" wundert sich Liesl, meine älteste Schwester. Sie nimmt mich freundlich bei der Hand und stolpert mit mir durch die Dunkelheit. Das Brechelbad ist bald in Sicht. Ein heller Feuerschein aus Ofen und Lampen weist uns den Weg. Der Vater erhebt sich mit steifen Gliedern von seinem Strohlager. Nanni zaubert sogleich aus einem Deckelkorb ein reichhaltiges Frühstück, "Suppn" genannt. "Loß d´ Hanni aa a weng mithoitn, se is grod nedda aufgstandn und hot no nix gessń!" Vater und ich löffeln voll Wohlbehagen aus Suppenschüssel und Schmarrnpfanne. Ist das ein gutes Frühstück in dieser nebelgrauen Frühe in einer rußgeschwärzten Hütte am Waldrand unter dem Flammenschein aus der Badstube, und ich allein unter den

Großen dicht an Vaters Seite! Doch bald lösen sich aus dem verschwommenen Grau lebhafte Gestalten, die kleineren meiner Geschwister, und gesellen sich lachend zu uns. Schon ist die Arbeit im Gang. Die Thresl und Katl reißen abwechselnd die Badstubentür auf und holen aus der niedrigen Kammer über dem Ofen Büschel um Büschel von warmem Flachs. Die Brechler, vier oder fünf kräftige Leute, packen diese, stecken sie ihrer Handbrechmaschine seitlich in den Schlund, heben und senken mit kräftigem Druck deren "Oberkiefer" und lassen den dürren Fraß so lange zwischen den "Zähnen" zerkauen, bis die holzigen Teile gelockert und brüchig werden. Die Spreu, die "Agn", fällt bereits bei diesem Vorgang ab. Das ist ein Scheppern und Klappern, ein Knarzen und Garzen. Bei diesem staubigen Treiben hält es uns Kinder nicht lange. Wir stürmen durch Schluchten und Waldpfade dahin, peitschen mit Gerten das Laub in die Höhe, kraxeln die schlanken Buchen empor oder schaukeln auf schwankenden Ästen und versinken dann wieder in Bergen von Laub. Dann wieder lockt uns das heimelige Geklapper zum Brechelbad zurück. Über rußige Balken schwingen wir uns behende aufs Dach. Wie übersät ist es von stacheligen Bucheckernschalen und -kernen. Durch das ausladende Buchengeäst funkelt die herbstliche Sonne wie in einen Palast aus zartestem Blättergold.

Wir schmatzen an Bucheckernkernen und schauen und lachen. Ein Eichkätzchen über uns knabbert und knabbert und bewirft uns mit Schalen. So entrinnt uns die Zeit. In der Erinnerung bleibt nur noch die Heimfahrt durch Nebel und Nacht auf dem gebrechelten Flachs.

An den Abenden nach dem Brecheln ging es unter der Dorfjugend ausgelassen zu. Doch ich war nie dabei bei den derblustigen Spielen wie Verkleiden, Hanifradeln und Rußschwärzen und schließlich dem Häuten des Brechelbocks, auch Habergeiß genannt, dargestellt von zwei bis drei Mannerleuten, die in gebückter Stellung hintereinander dahertorkelten und mit einer Plane bedeckt waren. Der Vordermann trug einen Geißbockkopf mit Hörnern, der letzte einen Birkenbesen als Schwanz, mit dem er kräftig wedelte. Zwei maskierte Treiber beschützten mit Stecken das Untier. Zum Schluß wurde es meistens von schneidigen Weiberleuten "gehäutet".

Das Schwingen und Hecheln

Der Flachs kam noch lange nicht zur Ruhe. Bald nach dem Brecheln stellten die Frauen im Heuboden Schwingräder auf, setzten sie in Drehbewegung und hielten größere Büschel hinein. So bröckelten die

durchs Brecheln gelockerten Holzteile ab, eine mühsame und staubige Arbeit.

Das darauffolgende Hecheln war nicht ganz so anstrengend, die Arbeit geschah im Sitzen. Auf einem etwa dreiviertel Meter langen, nicht selten mit feinen Schnitzereien verzierten Brett, war in der Mitte ein runder Kamm mit etwa 50 langen Eisennägeln angebracht. Bei sachtem Kämmen der Flachsbüschel ließen sich die langen, wertvollen Fasern von den kürzeren, dem Werg, trennen. Durch gekonntes Drehen der feinen Flachsbüschel wurden die schönen "Riulzöpfe" geformt. Dieses kostbare Gut verwahrte man bis zum Spinnen im Winter in schmucken Holzschafferln. Den Häckselabfall, das Werg, schüttelte man mit einem Stecken aus und drehte ihn zu Wergballen zusammen. Auch die kurzen Fasern wurden gesponnen und dann zu grobem Leinen oder Rupfen gewebt.

Das Spinnen und Weben

War die Feldarbeit getan, hatte man Kartoffeln, Kraut und Rüben eingewintert, dann fingen in allen Bauernstuben die Spinnräder zu surren an. Viele Wintermonate hindurch klapperte Spinnrad an Spinnrad, sah man sie treten und drehen, haspeln und wickeln, die rotbackigen Bauernmädchen. Wenn gar noch etliche

Nachbarsdirndl mit ihren Spinnrädern zur "Roggaroas" kamen, fand das Lachen und Kichern, das Wispeln und Flüstern kein Ende. Im Kachelofen knisterten die Buchenscheitl, im Rohr dufteten Bratkartoffeln und platzten Bratäpfel. Sobald aber am Abend die Hoagarter Burschen zu Musik und Tanz hereindrängten, dann war es für uns, die Butzlwar, Zeit zum Bettgehen.

Um Lichtmeß war alles, Feines und Grobes, gesponnen und gehaspelt und lag in Strängen gebündelt in ausladenden Waschkörben droben im Söller. Der Vater spannte die Ochsen vor einen Schlitten oder Wagen. Wir Jüngsten flehten und bettelten, uns doch zum Weber mitzunehmen, bis er endlich unserem Drängen nachgab: "Na kraxlts halt aufe und schliafts unter d'Ochsndeckan, es Müadsäck, es!" Zwischen den warmen Winterhauben und den schweren Ochsendecken äugten wir voll Spannung und Abenteuerlust heraus. Meist fuhren wir durch endlose Fichtenwaldungen und staunten nicht wenig, daß es außerhalb des Puncherner Holzes noch soviele Bäume gab. Einmal aber lichtete sich die düstere Landschaft und vor uns breitete sich ein freies Almwiesengelände aus. An einen sonnigen, aperen Hang schmiegte sich ein schmales Häusl mit einem Geißen- und Hühnerstall daneben, das Sachl des Webers. Das war ein Rattern und Klappern, als wir uns die wenigen Stufen von der Haustür zur Webstube hinuntertasteten. "Aso schaut der Weber aus!" dachte ich verwundert, als ich im Dämmerlicht den bleichen, schmächtigen Mann in gebückter Stellung vor dem wuchtigen Webstuhl von der Seite her betrachtete. Für mich gab es ja auf der ganzen Welt nur einen einzigen Weber. Ich hatte mir ihn riesengroß und bärtig vorgestellt. Bald knarzte die Tür, tat sich einen Spalt breit auf, und dahinter drängte sich ein halbes Dutzend schmächtiger, barfüßiger Kinder. Wortlos aber hörbar legte der Vater ein Stück frischen Räucherspeck auf den Tisch. "I sog hoit recht aner gelts Gott!" dankte der Weber. "I schau scho, das es bis zo de Eisheileng ho! Oiso pfüa Gott, Koanzei!" "Hot leicht sei kinna. Oiso pfüa Gott Weber!"

Wenn dann Mitte Mai der Vater mit dem Leinen durch die Einfahrt daherratterte, war die Neugierde und die Aufregung der Spinnerinnen groß. Jetzt zeigte es sich, ob sie den Flachs ganz gleichmäßig gesponnen hatten. Die Freude über ein feines Tuch war riesig.

Schon bald danach begann die Bleiche. Auf einer schattenlosen, nahe beim Hof gelegenen Wiese, rollten meine Schwestern die meist 10 m langen Ballen aus. Tuch breiteten sie neben Tuch mit einem Rasenstreifen dazwischen. Das Leinen war noch gelblich grau und sollte durch Einwirken der Sommersonne gebleicht werden. Fürs Netzen konnte man uns Kleine brauchen.

Wir liefen zum Pumpbrunnen, leierten Gießkanne um Geißkanne voll und befeuchteten die langen Bahnen. Am Abend kam das Leinengut dann wieder in die Waschküche. An jedem sonnigen Tag, die Sonntage ausgenommen, brachten die Mädchen die Tücher auf den Anger. Um St. Bartholomä in der letzten Augustwoche erstrahlte das Leinen in reinstem Weiß. Und was für ein Duft erfüllte die Stube, wenn meine Schwestern Waschkorb um Waschkorb voll hereinschleppten. Da saßen nun die Bleicherinnen am großen Ahorntisch, legten das erste Tuch darauf und begannen zu reiben und zu zerren, zu ziehen und zu rollen. Anna, eine der älteren Schwestern, besann sich zur allgemeinen Erheiterung eines lustigen Versleins und brachte dies nebst Tag und Ernteerlebnissen zu Papier. Die kleine Urkunde wickelten die fleißigen Hände in die Mitte des Leinenballens. Mit einem gleichfalls gebleichten Leinenzwirn nähten die Schwestern nach dem Zusammenrollen das Ende fest auf den Ballen. Mit geröteten Gesichtern halfen alle zusammen, bis auch das letzte der Tücher in Form war. Liesl, die Älteste, bestimmte am Ende, in welchem Schrank oder welcher Truhe die stattlichen Ballen verwahrt werden sollten. Wer möchte sich wundern, wenn anläßlich einer Hochzeit oder Taufe die prallvoll gefüllten Bauernschränke aufgesperrt wurden, um mit heimlichem Stolz die

blütenweißen Leinenballen vorzuzeigen, den Segen jeweils eines ganzen Jahres voll Mühe und Fleiß. Ich selbst betrachte das Leinen aus meiner heimatlichen Scholle stets mit Bewunderung und einer Art Ehrfurcht.

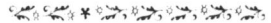

Advent

Die lautlosen Tage träumen dem Heiligen Abend entgegen. Wir sind nicht unvorbereitet für das kommende Fest. Jeden Morgen stapfen wir schon in der Dunkelheit mit Laternen durch Kälte und Schnee dem Lockruf der Kirchenglocken entgegen, um dort beim Kerzenschein das Engelamt zu feiern. Laut schmettert dann beim Morgengrauen das "Tauet Himmel, den Gerechten!" durch das Gotteshaus.

Und jeden Abend knien alle, groß und klein, um Tisch und Bänke in der Stube und beten in verschwiegener Dunkelheit den Rosenkranz. "Röckerlstricken" heißt dieser Brauch. Wer wäre da nicht gerne bereit, für das erwartete Kind im kalten Stall von Bethlehem symbolhaft ein wärmendes "Röckerl" zu stricken!

Untertags regt ein bescheidenes Kripperl, das im Advent in die Stube gestellt wird, zum Gutsein an. Neben dem Kripperl liegen Strohhalme. Wer sich in irgendeiner Weise überwindet, der darf heimlich einen Strohhalm in das Kripperl legen, um dem Christkindl ein Bettchen zu bereiten. Gelegenheiten dazu gibt es bei so vielen Kindern gerade genug. So wächst denn der Strohhalmberg von Tag zu Tag. Und Halme gibts genug, der ganze Heuboden strotzt von Stroh.

Dicht wirbeln die Flocken hernieder und setzen sich auf Leierbrunnen und Pumpenschlegel. Je höher sich der Schnee an die Winterfenster der Stube anschmiegt, desto lauschiger wirds um den grünen Kachelofen. Der Vater schneidet aus großen Holzscheitln Späne zum Feueranzünden und legt sie zum Trocknen auf die Ofenstangln. Heute dürfen wir endlich die Christkindlbrieferl zur Himmelspost geben. Schreiben kann ich noch nicht, das tun die Schwestern, aber wünschen, das könnte ich um so besser. Ich hätte halt gar so gerne eine lebende Puppe, eine lebende Puppe, die

sprechen und gehen und essen kann wie wir, nur daß sie eben eine kleine Puppe ist. Doch mein Vater ist strikt dagegen: "Na, a lebade Docking derfst da ned wünschn, Hanni! Mir glangan de fuchzehn Kinder scho!" "Mei schod!" denke ich enttäuscht. "A Docking is doch grod a Docking und koa Kind net!" Doch was hilfts. "Wann i du wa, dad ich ma a Docking wünschn, de wo schlafe ko," schlägt Nanni vor und schreibt auch schon den Vorschlag auf meinen Zettel. Vor dem Zubettgehen steckt sie die Christkindlbrieferl aufs Moos zwischen den Winterfenstern. Wir Kleineren holen uns die leicht angebräunten Wärmebretter fürs Bett aus dem Ofenrohr und trampeln die Stiege hinauf, ein seliges Glücksempfinden im Herzen.

Englshaar

Draußt auf der Stiang
Is a Lockerl heit gleng,
Glanzad wia Suiwa
So fei!
So a liabs Schneckerl
Hot neamd auf der Welt.
Des muaß a
Englshaar sei!

Woaß ma glei
Gor nimmer z'helfa vor Freid!
Wiari zon
Christbaam naufspaah,
Haman scho d' Engln
An Himme nauftrong!
Wei do des
Platzl is laa.

Grod wiaran Schatz
Nihm i 's Lockerl in d'Hand,
Streichet's voi
Andacht a weng.
's waa bald, als hätt se der
Himme aufdo,
Als hätt i
's Christkindl gsehng.

Der Heilige Abend

Beschwingt von ahnungsvollen Gedanken stapfen wir in der nächtlichen Frühe des Hl. Abends zum letzten Engelamt der Pfarrkirche zu. Der eisige Wind auf der Anhöhe bläst uns ins Gesicht und rüttelt an den Stallaternen an unseren Händen, die uns spärlich den Weg weisen. Endlich umfängt uns der schützende Wald. Tritt um Tritt folgen wir den Spuren der Großen; denn alle aus dem Dorf sind unterwegs. So schlängelt sich der kleine Pilgerzug dahin, bis wir mit dampfendem Atem das Gotteshaus betreten. Kerzen flackern, die Orgel braust, und der Weihrauch schwebt schmeichelnd von Beter zu Beter. Und das laute "Tauet Himmel", das die Feier beschließt, klingt noch nach als selige Gewißheit, wenn wir im Morgendämmern dem Dorfe zustreben.

Heute, am Hl. Abend, ist alles so seltsam feierlich und gelten andere Gepflogenheiten. Es ist strenger Fasttag, und man ißt den ganzen Tag über bis nach der Metten kalt. "Kollotzen" heißt man diesen Brauch. Das Wort hängt mit dem lateinischen collocare = unterbringen zusammen. Wegen der dürftigen Unterkunft im Stall von Bethlehem will man einen freiwilligen

Verzicht auf warme Mahlzeiten leisten.

Seit Tagen wurde mit Aschenlauge geschrubbt und geputzt, und Wohnhaus und Stall sind blank gescheuert für den hohen, himmlischen Gast. Nur noch wenige Arbeiten werden am heutigen Vormittag verrichtet. Weihnachten dehnt sich auf 4 Feiertage aus. So müssen fürs Vieh ganze Berge von Futter und Streu mit der Gsodmaschin geschnitten werden. Uns Kleine trifft das Zerkleinern von Wasserrüben fürs Kühfutter, das Trank. Wohl stundenlang stehen wir barfuß auf den Längsseiten eines hölzernen Futtertrogs und mühen uns ab, mit einem runden Stoßmesser am Ende eines Stiels wieder und wieder eine Schicht Rüben zu zerkleinern. Und wenn die kindlichen Ärmchen zu versagen scheinen, heißt es: "Tua nur schee Ruamstoußn und überwind de fürs Christkindl!"

Nach dem spärlichen, kalten Mittagessen wird in der Waschküche im Zuhaus der Kessel angefeuert und hochgeheizt; denn bald müssen wir alle nacheinander zum Baden antreten. Die Wannen sind hohe Holzzuber von der großen Wäsche, rund und oval. Eine meiner Schwestern packt wie immer am Schluß der Reinigung den gefürchteten Eimer voll eiskalten Wassers und schüttet ihn erbarmungslos über unsere Köpfe.

Doch in der warmgeheizten Stube wird's am Kachelofen wieder gemütlich. Die Dämmerung schleicht geheimnisvoll übern Anger zum Hof. Geschäftig werkelt der Vater mit Vestl Franz vor dem Zuhaus an etlichen gußeisernen Böllern. "'s Christkindl schiaßns oo!" geht es in der Stube von Mund zu Mund. Pünktlich um 4 Uhr poltert und kracht es nach echt bayerischer Art von Hof zu Hof, von Dorf zu Dorf als Salut zu Geburt für den höchsten aller Prinzen, das Christkindl.

Mit klopfenden Herzen, glühenden Backen, geschleckten

Frisuren und leuchtenden Augen sitzen wir herum und bersten fast vor Spannung. Aus der Küche kriecht ein Duftgemisch nach gebackenen Leberknödeln, gesottenem Schweinefleisch und Hefegebäck. Vom Hausgang her ertönt das monotone Singen der Zentrifuge. Die Nanni legt feierlich ernst auf das Kripperl mit den Überwindungsstrohhalmen ein lockiges Fatschenkindl, kostbar gewandet in Samt und Brokatbordüren. In unseren Krippenstall in einer Wandnische im Hausgang kommt ein winzig kleines Wachskindl nur in Windeln. Bald schieben wir uns alle zum "Abendmahl" um die zwei Tische. Und da liegt auch schon das "Ofnkindl" knusprig und duftend auf dem Tisch. Es ist ein Hefegebäck, in einem Stück in der Bratreine gebacken, und das geschieht nur einmal im Jahr, am Hl. Abend. Feierlich setzt der Vater das Messer an und teilt uns dem Alter entsprechend zu. Der Appetit an diesem Fasttag ist hörbar groß, und die Löffel tauchen in rascher Folge in den ausladenden Schüsseln mit süßer Zwetschgenwoak auf und unter.

Kaum ist das letzte Brösel vom Ofnkindl verschluckt, geht das Abendmahl über in ein langes, langes Beten. "Röckerlstricka" nannte man die allabendlichen Rosenkränze in der Adventszeit. Heute aber werden gleich alle 3 Rosenkränze nacheinander gebetet und dann noch die Litanei. Da muß sich der Zeiger in unserer alten Wanduhr, dem Regulator, schon mehr als einmal ganz umdrehen. Und wir Kleinen müssen tapfer sein, um nicht bei dem endlos langen, eintönigen Beten einzunicken. Wir knien um Tisch und Bänke, den Blick womöglich zum Herrgottswinkel gerichtet, wo ein kleines Ölflämmchen spärlich flackert. "Endlich!" Keiner sagt´s, doch jeder denkt´s, wenn wir die vom Knien steifen Glieder lockern können.

Und nun fängt die trauteste aller Stunden des ganzen Jahres an. Der Gasstrumpf wird an der Stubenlampe angezündet, und im Kachelofen krachen die Holzscheitl. Wir Kleinen knien hinter den Stubenfenstern und schauen und lauschen. Wenn wir doch einmal das Christkindl sehen könnten! Da schreit der Steffi: "I siehgs! Do, do!" Am nächtlichen Firmament über uns funkeln die Sterne. Und plötzlich ist´s auch mir, als sähe ich einen goldenen Sternenschlitten auf funkelnder Bahn dahingleiten, darauf das Christkindl in hellem Glanz! Da ich noch zum Himmel starre, ertönt vom Hausgang her ein helles Glöckchen. "´s Christkindl is do!" jubeln alle zusammen. Ich, als die Jüngste, darf die Stubentüre aufmachen. Da steht er da, der Christbaum, mit bunten Kerzen und süßem Backwerk, funkelnden Kugeln und goldenem Lametta. Und während alle zusammen das "Stille Nacht" singen, wandern meine Augen suchend umher. "Des is mei Docking!" juble ich sogleich.

Alle Kinder werden durch ein besonderes, kleines Geschenk beglückt, einen Puppenwagen, einen Kochherd, Rösserl und Roßstall, Trommel oder Trompete. Die Großen bekommen Brauchbares zum Anziehen. Anschließend wird ein Wäschekorb voll Kletzenbrotlaibe zur Türe hereingeschleppt. Jeder von uns erhält einen eigenen Laib zugeteilt, an Größe dem Alter entsprechend. Und auch die Plätzchen werden freimütig aufgetischt, deren Duft seit langem zur nächtlichen Stunde aus der Küche lockte, wo die Großen den Englein beim Backen halfen. Die Älteren greifen zu Zither und Gitarre, wir Kleinen spielen am Stubenboden, bis uns schließlich die Augen zufallen und wir am Ofen ein wenig ruhen.

Zur mitternächtlichen Stunde ist Christmette. Dazu schallen alle Glocken hinaus in die Dörfer und hinauf zu den Einödbauern. Und von allen Seiten huschen dunkle Gestalten dem hellerleuchteten Gotteshause zu, wo vom Kirchturm her traute Weihnachtsklänge schwingen. Vorne vor dem Hochaltar liegt ein lebensgroßes Christkind in einer Krippe auf Heu, die Händchen einladend ausgestreckt. Lautes Orgelspiel braust während der Christmette durch den Raum und bringt die Herzen zum Schwingen und die Augen zum Leuchten.

Auf dem Heimweg mit den Dorfbewohnern nimmt das Fragen und Erzählen über Weihnachtsgeschenke schier kein Ende. Der Vater ist zuhause geblieben, um den Hof zu bewachen und überall im Dorf nach Ordnung zu sehen. Bewaffnet mit einer alten Hellebarde geht er von Haus zu Haus und ruft: "De Patrouille is do!"

Besonders stolz ist der Vater auf seine Kochkünste, wenn uns nach der Rückkehr von der Kirche die von ihm aufgetischte "Mettnsuppe", Schweinefleisch in fetter Brühe mit Brotschnipseln, gar so gut schmeckt. Sie bildet in jedem Hof den leiblichen Abschlußgenuß des Hl. Abends nach so viel Härte, Abstinenz und Plag.

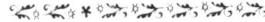

Das Goaßlschnalzen

In den Tagen nach Weihnachten hatten es meine größeren Brüder gnädig. Jede Freistunde verbrachten sie draußen in unserer Werkstatt. Dort knisterte und krachte der kleine, eiserne Kanonenofen, und in den beißenden Rauch mischte sich der Geruch nach Pech und der Gestank von Schmiere. Denn am Dreikönigstag begann im Rupertiwinkel nach altem Brauch das Faschingsschnalzen, das bis zum Aschermittwoch dauerte, und jeder Bursche setzte seinen Ehrgeiz daran, eine Goaßl mit einem extrastarken Knalleffekt zu besitzen. Natürlich drehten sich die größeren Schnalzer ihre "Goaßlschmitz" selbst. Richtig dick mußten die Stricke sein, dort wo sie am kurzen Stiel befestigt waren, am besten gleich aus 3 kreuzweis geflochtenen Schnüren aus Hanf und Bast zusammengedreht und eingeschmiert. Goaßln für besonders gstandne Burschen waren mitunter bis zu 8 m lang. Doch schon Längen von 2 m waren für die jüngeren Buben als richtig anerkannt. Kaum mußte ein Bauernbüberl einen Schulranzen schleppen, durfte er auch schon die Faschingsgoaßl schwingen. An dem Tag fühlten sie sich ganz groß und erwachsen, auch wenn sich die Goaßl, statt zu knallen, mehr

um den kleinen Gernegroß selbst wickelte. Das Schnalzen fing am Dreikönigstag an, hatte an Mattheis, dem 24. Februar, seinen Höhepunkt mit dem Aperschnalzen und war bis zum Aschermittwoch allüberall im Rupertiwinkel zu hören. Ich schaute meinen Brüdern gerne zu, wenn sie auf dem Platzl vor unserem Hof unermüdlich knallten und knallten. Die Burschen schlossen sich zu Gruppen von ungeraden Zahlen, einer Passe, zusammen. Mehrere Passen trafen sich dann und wann zu einem Wettkampfschnalzen. Die Mannschaften traten in feschen Trachten an mit Kniebundhosen und weißen Schafwollstrümpfen, roten Zipfelmützen, Leinenhemden und feschen Westen mit Silbertalerknöpfen. Bei jedem Schnalzer stand sein Joppenträger. Denn geschnalzt wurde bei jedem Wetter und stets in Hemdärmeln. Breitbeinig stellten sich die Burschen hintereinander auf. Der schwächste Spieler, der "Aufdraher", begann mit: "Oane, zwoa, de dritt geht aso!" In einem ganz bestimmten Rhythmus folgten die weiteren Schnalzer. Der stärkste Mann, der "Schlenzer" am Schluß der Reihe brachte den größten Knalleffekt. Achtmal schnalzte die Passe in verschiedenen Salven, bald mit Schwüngen nach links, bald nach rechts. So ein Treffen endete dann meistens mit einem vergnüglichen Tanz im Dorfgasthof.

Besonders geschäftig ging es beim Aperschnalzen an Mattheis zu. Aper, wir sagten awer, bedeutet schneefrei. Landauf, landab knallte und krachte es. Durch diesen Höllenlärm sollten die Wintergeister und Dämonen aufgeschreckt und vertrieben werden. Gleichzeitig wollte man die Herbstsaat wecken.

Den Goaßlschnalzern von Teisendorf wurde rühmlich nachgesagt, daß sie die napoleonischen Soldaten eine zeitlang durch ihr höllisches Knallen irritierten. Doch um den Ort zu retten, ergaben sie sich schließlich kampflos am 12. Dezember im Jahre 1800.

Dreikönigsnacht

Lebhaft ist in meiner Erinnerung aus der Kindheit der Abend vor Hl. Dreikönig. Die wenigen Höfe meines Heimatdorfes liegen verträumt und verschlafen in der winterlichen Abenddämmerung. Außer einem Hundegebell kein Laut. Plötzlich quillt aus einem der Häuser heiteres Kinderlärmen und Kinderlachen, andere Höfe folgen. Auch wir drängen hinaus, ein gutes Dutzend. Aus der Küche strömt der Duft nach Schmalzküchln, und wir halten in den Händchen soviel wir nur können; denn unser Obstgarten ist ausgedehnt und keiner der Bäume darf vernachlässigt werden beim "Baaminogn". Wir kreisen um die Bäume und rufen und schmatzen und schmatzen und rufen: "Baam, i nog, und du trog! Morng is der Heilig-Drei-Keningdog!" Heidnisch ist der Ursprung dieses Brauchs. Die heidnischen Götter, die in den Bäumen hausen und dort ihr Unwesen treiben, will man verscheuchen und zugleich versöhnen. Fruchtbarkeit zu beschwören ist der Sinn dieses Kreisens um die Obstbäume. Das ganze Dorf erscheint wie eine riesige Tanzfläche im Schnee. "Baam, i nog", klingt es aus allen Gärten, die zaunlos zueinander führen. Schrill und zart, hell und heiser.

Ich steuere gleich auf die Birnbäume zu. Und während ich den großen Wasserbirnbaum wieder und wieder beschwöre "und du trog!", läuft mir förmlich das Wasser im Munde zusammen, wenn ich an die herrlich duftenden, saftigen Birnen denke, die sommers hier im Grase liegen. Und gar noch köstlicher schmecken die Zuckerbirnen hinterm Zuhaus. Ja und die Glockenbirnen, die Pfundbirnen und die Gute Graue! Da gibt es noch viel zu laufen und zu beschwören. Die besten unserer Äpfel darf ich natürlich nicht vergessen. Ich erinnere mich an die milden rotbackigen Stromei, die wachsweißen Lemoni, die wir Kinder so gern schon im Morgengrauen zur Maut aufklaubten, die duftenden Reinetten und vor allem die blutroten Fraueräpfel. Ja und dann reifen auf dem Spelingbaum, gleich hinterm Bienenhaus, die zuckersüßen, safttriefenden Riesenpflaumen heran. Also stapfe ich um all die Bäume, die mir wichtig erscheinen, streichle die Rinde und rufe mein Sprüchlein zur Krone empor.

Nein, all die vielen Zwetschgenbäume kann ich nicht aufsuchen. Die überlasse ich lieber meinen Geschwistern. Zwetschgen gibt es ja jeden Herbst gerade genug. Für mich bedeutet dieses Kreisen, Essen, Rufen und Schmatzen eine Art Liebeszeichen für die Bäume. In Wirklichkeit ist es eine Mischung von heidnischem Brauchtum mit christlicher Gesinnung, ein Beten

um reichen Obstertrag im Hinblick auf das kommende Fest der Hl. Dreikönige.

Klapp, klapp, klapp, laufen wir mit unseren Holzschuhen wieder zurück zur wohligen Wärme der Stube, hängen die schneeigen Schafwollstrümpfe auf die Ofenstangl und scharen uns um den großen Ahorntisch. Nach dem Abendessen knien wir uns an die Bänke rings um die Stube und beten den freudenreichen Rosenkranz.

Kaum hat der Vater die Litanei beendet, da verschwindet er mit den älteren Buben in der Küche und trifft dort die Vorbereitungen zum Ausräuchern. Bald dringt auch schon durch den Türspalt ein geheimnisvoller Duft nach Weihrauch und Würzkräutern. Und sogleich hört man die Vier die Treppe emporpoltern. In jede Kammer, in jeden Winkel wird geräuchert und mit Dreikönigswasser gespritzt, jede Tür, jeder Schrank erhält mit Kreide die Weihe der Initialen K + M + B mit der Jahreszahl und behält sie bis zum nächsten Dreikönigsfest. Wir alle, außer dem Vater und seinen Begleitern, sitzen lauschend und erwartungsvoll um den Tisch und verfolgen den Weg der Königsweihe hinaus in die Stallungen, hinüber zum Zuhaus mit etlichen Zimmern und Kammern, dem Getreideboden, der Werkstatt, dem Waschhaus mit dem Backofen und schließlich noch den Häusln für groß und klein. Endlich steht der ganze Hof unter Weihe und Segnung. Wir in der Stube kommen immer als letzte dran. Nun tut der Vater die Tür auf, verneigt sich vor uns und schwingt das Rauchfaß, ein Kohlebügeleisen, gegen uns. Sein Ausdruck ist dabei stets patriarchalisch würdevoll, gemischt mit einem schelmischen Lächeln in den Augen. Er nimmt jeden von uns schließlich

einzeln vor, verneigt sich, schwingt dreimal das Rauchfaß und verneigt sich nochmals. Der Franz taucht einen Büschel Getreideähren in ein Weihwassergefäß und spritzt uns voll ins Gesicht. Engelbert hält in einer altmodischen Kornkaffeeröstpfanne frische Weihrauchglut bereit. Vestl trägt eine Petroleumstallaterne und beschriftet sorgfältig Türen, Kastl und Bauernschränke.

Nun sind Haus und Hof und wir alle eingeschlossen in den Segen der Heiligen Dreikönige, und nichts kann uns in dieser geheimnisumwitterten Nacht mehr anhaben.

Inhalt

Seite	
9	Mein Heimatdorf
14	Mein erstes Lebensjahr
17	Ein treuer Wächter
19	Wenn der Schnee schmilzt
21	Schneeglöckchen am Dorfanger
22	Ölbergandachten
27	Der Palmesel
33	Gründonnerstag
36	Das "Herrngrabschaun"
38	"Des gweiht Feier is do!"
40	"Christus ist erstanden!"
44	Guten Appetit
47	Kinderspiele
52	Unter der Dorflinde
57	Die kleine Botanikerin
67	Eine Kinderprozession
71	Beim Schafscheren
77	Es geht ans Heuernten
86	Das Kornschneiden mit der Sichel
90	Die Weizenernte
95	Gersten- und Haferernte
98	Beim Wasserrübenstehlen
100	Singen und Musizieren
104	Das kleine Hüterdirndl
108	Beim Dampfdreschen
120	Krauteinhobeln
124	Kirchweih, das war ein Fest!
135	Eine schaurige Hundsleich
138	Der Weg vom Flachs zum Leinen
155	Advent
164	Der Heilige Abend
174	Das Goaßlschnalzen
179	Dreikönigsnacht

Bilder

Titelbild		Kinder mit Wassereimer von Albert Anker
Vorsatz		Elternhaus der Autorin
Seite	2	Schreibende Schülerin
	5	Schulknabe mit Schiefertafel
	8	Elternhaus vom Kreuzerl aus
	8	Anger mit Staufen
	11	Backofen
	12/13	Familienfoto von 1913
	15	Sieben der älteren Geschwister
	16	Ein treuer Wächter
	20	Nachbarskinder
	23	Beterinnen in Berchtesgadener Tracht
	25	Mädchen mit Priener Hut
	26	Autorin mit größerer Schwester
	29	Palmesel mit Christusfigur
	32	Palmritt
	34	Buben mit Karfreitagsratschn
	35	Hühnerfüttern
	37	Teisendorf mit Staufen
	39	Bub mit Osterfeuer
	41	Mädchen mit Ostergeweihtem
	43	Eierscheiben über Rechenstiele
	46	Der kleine Kaufmann
	51	Der Beschützer
	53	Dorfkapelle mit Linde

56	Fronleichnamsprozession
60/61	Schulklasse der Autorin
65	Ährenlese
66	Jägerstand
69	Birkenwald
70	Ausbuttern mit Stoßfaßl
73	Strickendes Mädchen in Landschaft
74	Kleine Strickerinnen
75	Püppchen trink doch
76	Bergblumen
79	Heuernte im Rupertiwinkel
80	Heuernte im Rupertiwinkel
82	Schwere Ackergäule
85	Heuernte im Rupertiwinkel
87	Kornmandlaufstellen
88	Streuumkehren
89	Ackern
91	Weizenmähen
93	Getreideernte
94	Streuwenden
96/97	Mittagsgebet bei der Ernte
99	Feldarbeit
102	Die Harmonika
110/111	Dreschmaschine auf einem Bauernhof
112	Beim Dreschen

119	Beim Dampfdreschen in Wimmern
119	Dreschmaschine in Punschern
122	Am Leierbrunnen
128	Kirchweihschutz
131	Kirchweihtanz
134	Vogelbegräbnis
137	Unheimlich
139	Eggen
140	Ackern
142	Puncherner Brechlbad
144	Beim Brechln
147	Habergoaß von Weildorf
152	Bäuerlicher Hochzeitsschrank
154	Der erste Schnee
156	schreibendes Mädchen
159	Kind mit Puppe
160	schreibender Bub
163	Großmutter erzählt
165	Große Wäsche
168	Weihnachten
171	Weihnachtsengel
173	Mitm Roafmesser auf der Hoinzlbank
175	Goaßlschnalzer mit Brüdern
176	Dreikönigssingen
179	Nachbarskinder
181	Dreikönigssingen
183	Hausmütterchen
184	Zufriedene Leut

Von Herzen danken

möchte ich allen, die mir ihr Bildmaterial zur Verfügung gestellt haben, insbesondere:

Frau Groth-Schmachtenberger, Würzburg
für 15 wertvolle Bildtafeln,
dem Bildarchiv des Bayerischen Landesvereins für Heimatpflege München
für 9 Bildtafeln und dem
Kunstmuseum Solothurn, Schweiz
für das Abdruckrecht des Titelbildes: "Zwei Kinder mit Wassereimer" von Albert Anker.